JN040620

60分でわかる！

THE BEGINNER'S GUIDE TO
ONE-ON-ONE MEETING

ワン　オン　ワン

1on1
ミーティング

ONE-ON-ONE MEETING

実践 超入門

島田友和、寺内健朗 ［著］

TOMOKAZU SHIMADA, TAKEHARU TERAUCHI

技術評論社

はじめに

　本書を手にとってくださり、ありがとうございます。

　変化が激しく価値観が多様化する現代においては、1on1 ミーティングがますます重要になっており、1on1 ミーティングを実践する技術や考え方がより求められていると実感します。

　本書は 1on1 ミーティングの入門書であり、重要な要素をコンパクトにまとめています。これから 1on1 ミーティングを導入される方は順番に読んでいただくと理解が深まります。すでに導入されている方は関心の高い項目から読んでいただくので OK です。

　試行錯誤しながら、あなただけのオリジナルな 1on1 メソッドをつくっていきましょう。応援しております。「1on1 が楽しみ！」となりますように。そして、幸せでありますように。

島田 友和

　1on1 ミーティングはとても自由で、奥の深い取り組みです。そこには明確なルールや正解と呼べるものはありません。

　本書では、1on1 ミーティングに生かせるさまざまな技術や考え方を紹介していますが、そのすべてを理解し、実施しなければならないわけではありません。

　ページをめくりながら、みなさんのスタイルに合った内容を見つけ、使いやすいものから取り入れてみてください。

　本書を通じてみなさんが自分なりの 1on1 ミーティングを見つけ出し、よりよい関係性の構築や新たな発見ができたのならば、それに勝る喜びはありません。

寺内 健朗

Contents

Part

3

人材育成の土台となる
「関係性」の構築

Part

4

建設的に課題を考える
「思考」の活性化

Part 5

主体的に解決に取り組む
「行動」の活発化

Part 6

レベルアップ!
効果が表れる1on1ミーティングの実践

Part

7 こんなときどうする?
困ったときの対応方法················ 137

Part

1

なぜやるべきか？

1on1ミーティングが
必要とされる
社会環境

VUCA時代に求められる人材

● VUCA時代には「自律型人材」が求められる

　私たちを取り巻くビジネス環境は大きな変化のなかにあります。急速なテクノロジーの進歩、新型コロナウイルスの流行、異常気象や災害など、これまでの常識が通用しないような大きな変化が起こっており、将来を見通しにくい状態となっています。このように、変化が激しく先行きが不透明で、将来の予測が困難な時代を「**VUCAの時代**」と呼んでいます。

　VUCAとは、Volatility（変動性）、Uncertainty（不確実性）、Complexity（複雑性）、Ambiguity（曖昧性）の4つの単語の頭文字をとった造語で、**先行きが不透明で複雑で、将来の予測が困難な状態**を意味しています。

　VUCAの時代に適応するため、企業の求める人材像も大きく変わってきています。将来の予測が困難な状態でも活躍できなければなりません。そこで、正解のない状況に適応できる柔軟な思考力や対応力をもち、複雑に絡み合った問題や課題に対して自らの考えで判断・行動し、設定した目標に対して迅速に最適解を出そうとする「**自律型人材**」が求められています。

　同様に、人材をマネジメントする上司に求められる役割にも変化が起こっています。これまでのようにメンバー（部下などのマネジメント対象者）に対して管理・指示をする存在ではなく、**メンバーの活躍や成長をサポートする存在**であることが求められています。

　このような変化に適応するための有効な手段として広がりをみせているのが「**1on1ミーティング**」なのです。

● VUCAの意味と求められる人材像

	主な意味	求められる人材像
Volatility（変動性）	事象が変わりやすく、その変化が大きく、スピードも速い 例： AIなどの技術革新	変化に柔軟に適応できる人材
Uncertainty（不確実性）	事象が明らかではなく、将来何が起こるのかがわからない 例： 異常気象や災害	失敗を恐れず挑戦できる人材
Complexity（複雑性）	事象がさまざまな要素から成り、絡み合って関連している 例： グローバル化	自分なりの考えで主体的に行動できる人材
Ambiguity（曖昧性）	複数の解釈ができ、原因や解決方法に明確な答えがない 例： 価値観の多様化	その時点での最適解を出せる人材

自律型人材
が求められている

まとめ
□ VUCAとは先行きが不透明で将来の予測が困難な状態
□ VUCAの時代において求められているのが自律型人材

ビジネス環境の急速な変化と影響

● 組織運営や人材マネジメントに大きく影響する

　VUCAの時代におけるビジネス環境の変化から、組織の制度や人材の役割、働き方などにも大きな変化が起こっています。年功序列や終身雇用が当然のものではなくなり、ジョブ型の導入や人材の流動化が進むとともに、急速なテクノロジーの進歩により**個人が大きな価値を創出**できる時代となったのです。

　企業には、このような変化に適応するために、新たな組織運営や人材マネジメントのしくみが求められるようになっています。これまでのように、上司がメンバーに指示を与え、正解を見つけて計画的に目標を達成していくのではなく、対話を通じてメンバーをサポートし、先行きが不透明で変化の激しい環境に適応しながら、**スピーディーに最適解を見つけて目標を達成**していくことが求められるようになったのです。

　また、企業で働く社員にも大きな変化が起こっています。権力や金銭といった外発的動機の要素より、自分自身の成長や価値観の尊重といった**内発的動機に対して高いモチベーションを抱く**ようになっています。

　さらに、フレックスタイム制度やテレワーク制度の急速な普及により、上司がメンバーと顔を合わせて直接マネジメントすることも難しくなっていることから、マネジメントの難度は格段に上がっています。

　このような変化から、**上司がメンバーをサポートする定期的な対話の場**として、1on1ミーティングの重要性が高まってきました。

● 組織運営や人材マネジメントの主な変化

	これまで	これから （VUCAの時代）
起点	企業	個人
組織の制度	年功序列 上意下達型	成果主義 自律分散型
仕事のゴール	正解を出す	最適解を出す
上司の役割	管理・指示 （上司＝正解）	支援・対話 （上司≠正解）
人材に求める 要件	協調性、同質性、 計画性	主体性、挑戦性、 適応性
モチベーション	権力・金銭 （外発的動機）	成長・価値観 （内発的動機）
働き方	定時勤務 出社義務	フレックスタイム テレワーク

まとめ	□ VUCA時代に組織運営や人材マネジメントが大きく変化 □ 環境変化に適応するため1on1ミーティングが重要になった

人材育成を担うリーダーに求められること

● 支援型リーダーシップでメンバーの主体性を引き出す

　将来の予測が難しい時代となり、働く人々の価値観も大きく変化しているため、人材育成を担うリーダー（目標に向けて周囲を導く人）に求められるリーダーシップにも変化が現れています。

　かつてのように、1人のリーダーがメンバーを力強く引っ張っていく牽引型のリーダーシップだけでは、複雑で予測の困難な時代の変化に適応することが難しくなってきました。このことから、新たなリーダーシップのあり方として、**支援型のリーダーシップ**が急速に広まってきています。

　支援型のリーダーシップとは、米国のロバート・K・グリーンリーフ氏が提唱した「サーバントリーダーシップ」という考え方がベースになっています。**支援や対話によって関係性を築き**、上下関係のないフラットな関わりのなかで、**メンバーの内発的なやる気を引き出しながら活躍へと導く**リーダーシップです。これにより、メンバー1人ひとりが主体性をもち、メンバー自身がリーダーシップを発揮することで、環境の変化にも迅速かつ柔軟に適応できるようになります。

　近年では、多くの企業がこのような支援型のリーダーを増やし、将来の予測が困難な時代への適応を進めています。ただし、牽引型のリーダーシップが使えないというわけではありません。業務内容や状況により、牽引型のリーダーシップが有効な場合もあることから、それぞれのリーダーシップについて理解しておくことが必要とされています。

● 求められるリーダーシップの変化

リーダーがメンバーを引っ張る牽引型リーダーシップ

- ・管理と指示でメンバーとつながる
- ・立場を意識した上下関係
- ・責任と義務により目標を示す
- ・指示どおりの確実な行動を期待する
- ・権力や金銭で動機付けを行う

牽引型リーダーシップに近い考え方として、支配型リーダーシップや指示型リーダーシップなどもあるが、いずれもリーダーがメンバーを管理・指示して引っ張っていくタイプの考え方

複雑で予測の困難な時代の変化に適応

メンバーを支援して主体性を引き出す支援型リーダーシップ

- ・支援と対話でメンバーとつながる
- ・本音で話せるフラットな信頼関係
- ・共感できるビジョンにより目標を示す
- ・主体性や迅速・柔軟な行動を期待する
- ・成長や価値観で動機付けを行う

まとめ	☑ 牽引型のリーダーでは変化への対応が難しい
	☑ メンバーの主体性を引き出す支援型のリーダーが必要

「論理」だけではなく
「感情」も重視する

● 感じていることを察する、感情を扱う力が必要

　仕事を効率よく進めるためには、論理的に考え、話すことがとても大切です。問題や課題を分類して整理したり、意見の根拠を着実に積み上げて考えたりするなど、論理的に考え、話すことで誰もが納得できるようになり、説得力が高まります。そのため、論理性は目標達成や問題解決などの多くの場面で必要とされます。

　その一方で、近年のビジネスコミュニケーションで重要視されているのが**感情を扱う力**です。客観的な「論理の考え方」と主観的な「感情の扱い方」は正反対のものと感じる人が多いと思いますが、なぜ感情を扱う重要性が高まっているのでしょうか。

　その理由の1つは、P.12で説明した支援型リーダーシップのような、新たなリーダーシップやマネジメントのあり方が関係しています。支援型リーダーは、メンバーの本音を受け止め、支援や対話によって関係性を築き、共感できるビジョンを描きながら、価値観を尊重して動機付けを行っていきます。このような**本音、共感、価値観といった要素は、論理の考え方だけでは対応しにくいため、感情を扱う力が必要となっているのです。ただし、怒りに任せてメンバーを怒鳴りつけるような力ではなく、自分やメンバーの心の動きを適切に把握し、それを尊重しながらマネジメントに生かす力**を指しています。

　論理的に考える力はとても大切ですが、それだけではなく、メンバーの思いを受け止めたり共感したりすることのできる、感情を扱う力も求められているのです。

◎「論理的に考える力」と関連する領域

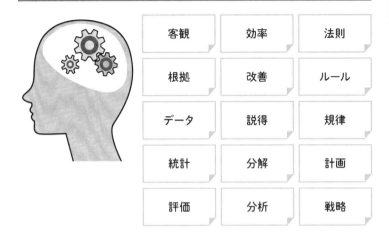

客観	効率	法則
根拠	改善	ルール
データ	説得	規律
統計	分解	計画
評価	分析	戦略

◎「感情を扱う力」と関連する領域

主観	共感	創造
価値観	傾聴	発想
わくわく	承認	アイデア
ビジョン	本音	イメージ
マインドフルネス	理想	ありたい姿

| まとめ | □ 論理だけではなく感情を扱う力が重要になっている |
| | □ 本音、共感、価値観といった要素には感情が大きく影響 |

「指導」ではなく
「教えてもらう」というスタンス

● メンバーに教えてもらうことで応援できる

　一般的な面談では、上司はメンバーに対して指導や管理を行います。上司が知識やスキル、経験などを伝えて指導することで、メンバーの成長を促します。この場合、上司が上、メンバーが下という縦の関係になり、上司が主導してメンバーが従属（受け身）になります。

　一方で、上司とメンバーが定期的に対話する場である1on1ミーティングでの**主役はメンバー**です。メンバーのことはメンバー自身が一番詳しいと考えられるので、上司がメンバーを指導するのではなく、メンバー自身のことについて**本人に教えてもらう場**になります。上司は「あなたのことを理解したいので教えてください」という姿勢でメンバーに向き合うのです。

　1on1ミーティングでは、上司はメンバーに寄り添い、丁寧に話を聴き（**傾聴**）、考えや気持ちを理解することに努めます。傾聴により関係性が築けると、メンバーは心を開くようになります。「一生懸命に仕事をしているのに成果が出ないので苦しいです」といった悩みや、「企画提案に強みがあると思うので力を発揮したいです」といった実現したいことなど、仕事やプライベートにおける悩みや本音を話すようになるでしょう。上司がメンバーを深く理解して信頼できれば、メンバーを応援したくなります。応援されたメンバーは、その期待に応えようとします。相互の関係性により、メンバーは**モチベーションが高まり、主体的に行動する**ようになるのです。上司としてメンバーを指導することも重要ですが、1on1ミーティングではメンバーから教えてもらう姿勢で接しましょう。

● 上司がメンバーから教えてもらう

●メンバー自身のことはメンバーが一番詳しい

上司

詳しいメンバー自身に
教えてもらうという姿勢

メンバー

メンバー自身がもっている
思いや考え、価値観、悩み、
本音、仕事のことやプライ
ベートのことなど

●理解して信頼することで メンバーを応援できる

●メンバーは応援されると その期待に応えたくなる

まとめ	☐ メンバー自身のことを本人から教えてもらう姿勢が重要 ☐ 理解され、信頼され、応援されると期待に応えたくなる

外発的動機付けと内発的動機付けを使い分ける

● メンバーのモチベーションを高める方法

　メンバーが高いパフォーマンスを発揮するためには、モチベーションのマネジメントが重要です。その考え方としては、心理学者であるエドワード・L・デシ氏とリチャード・M・ライアン氏が提唱した「自己決定理論」が参考になります。モチベーションを高める方法には、「**外発的動機付け**」と「**内発的動機付け**」の2つがあります。

　外発的動機付けとは、**報酬や賞罰、昇降格などの外的要因によりモチベーションを高める**方法です。その効果は一時的なものといわれており、短期間で成果を上げたい場合に有効といえます。

　一方、内発的動機付けとは、その行動自体に興味や関心、意欲などがあり、**自分の内面からわき上がる欲求によってモチベーションを高める**方法です。内発的動機付けが促進される人間の欲求として「自律性」「有能感」「関係性」の3つがあります。自律性とは自分の行動は自分で決めたいと思うこと、有能感とは能力があり貢献できていると感じること、関係性とは人間関係が良好でありたいと思うことです。

　内発的動機付けによる行動は、それ自体が目的であり、行動することで欲求が満たされます。そのため、モチベーションが継続しやすく、高いパフォーマンスを発揮できるようになります。また、外発的動機付けによって行動することで、その行動自体に楽しさを感じ、内発的動機付けへと移行することもあります。逆に、内発的動機付けのある行動に対し、外発的動機付けを行うと、モチベーションが下がることがあります（アンダーマイニング効果）。**外発的動機付けと内発的動機付けは適切に使い分けることが重要なのです。**

● 外発的動機付けと内発的動機付けの特徴

	外発的動機付け	内発的動機付け
一言でいうと	外部からの働きかけによる「アメとムチ」の動機付け	個人の内面から発生する「やりがい」の動機付け
動機付けの手段の例	ボーナス、福利厚生、ペナルティ	利他、成長、競争（個人によって異なる）
仕事の位置付け	仕事は報酬取得の手段	仕事自体が動機付けの報酬
個別性	なし（全員一律）	あり（個人によって異なる）
外部からの把握	容易（報酬体系として明示）	困難（長年の付き合いでもわからないことがある）

●外発動機付けのメリットとデメリット

メリット	デメリット
興味がない作業でも集中力を高められる	報酬に慣れて効果が下がる可能性がある
効果が短期間で現れやすい	自律性や持続性が弱い
誰にでも実施しやすい	創造性や仕事の価値、貢献度を高めにくい

●内発動機付けのメリットとデメリット

メリット	デメリット
モチベーションが継続しやすい	人によって価値観が異なり、個別対応が必要
高い集中力と創造力を発揮しやすい	効果が短期間で表れにくい
コストがかからない	アンダーマイニング効果がある

まとめ
- ☐ 内発的動機付けは高いパフォーマンスを発揮する
- ☐ 外発的動機付けは報酬（アメ）と罰（ムチ）の動機付け

「関係の質」から高めることが
グッドサイクルを生み出す

● 関係の質が高まれば結果が出せる

　成功する組織には、1つの**成功が次の成功を生み出しているグッドサイクル**があります。マサチューセッツ工科大学のダニエル・キム氏が提唱した「組織の成功循環」モデルによると、成功を生み出すためには、メンバーとの「**関係の質**」の改善から始めることが重要とされています。

　上司がメンバーを尊重し、感謝や承認をすることによって「関係の質」が高まると、メンバーが「新しくこんな企画ができるかな」「ここを改善すると効率的かも」などと仕事をポジティブに捉えられるようになり、「**思考の質**」が高まります。「思考の質」が高まると、自分で考えたことを試したくなり、「**行動の質**」が高まって主体的に行動するようになります。すると結果が出やすくなり、「**結果の質**」が高まるのです。「結果の質」が高まると、「関係の質」の向上につながります。結果が出たら「○○さんが頑張った成果が出ましたね！」などと承認することで、メンバーの定着率も上がるのです。

　これを**「結果の質」から始めるとバッドサイクル**になります。結果が出ないことを批判されると、メンバーはネガティブな感情をもち、「関係の質」が低下します。「関係の質」が低下すると、非建設的な思考になって「思考の質」が低下し、行動が消極的になって「行動の質」が低下します。そして、行動を起こさないことで「結果の質」が低下するのです。結果が出ないと「関係の質」も低下し、人間関係も悪化します。グッドサイクルを生み出すスタート地点となる**「関係の質」を高める施策として1on1ミーティングは有用**です。

● グッドサイクルを回すことが重要

●成功を生み出すグッドサイクル

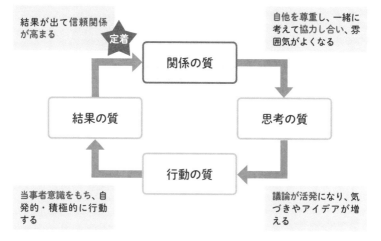

結果が出て信頼関係が高まる
定着

自他を尊重し、一緒に考えて協力し合い、雰囲気がよくなる

関係の質

思考の質

結果の質

行動の質

当事者意識をもち、自発的・積極的に行動する

議論が活発になり、気づきやアイデアが増える

●結果が出ないバッドサイクル

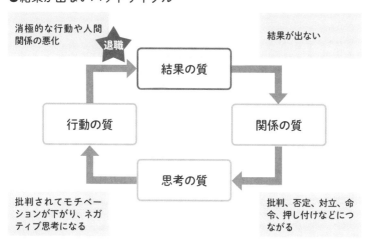

消極的な行動や人間関係の悪化
退職

結果が出ない

結果の質

関係の質

行動の質

思考の質

批判されてモチベーションが下がり、ネガティブ思考になる

批判、否定、対立、命令、押し付けなどにつながる

まとめ	□ 「関係の質」を高めることから始めることが重要 □ メンバーを尊重し、承認や感謝を伝えていくことが大切

1on1ミーティングで
コミュニケーションを変革

● メンバーとの関係性を築いて成長をサポートする

　VUCAの時代において、ビジネス環境や働き方は大きく変化しています。テレワークが増えて在宅勤務が多くなり、フリーアドレス制では出社しても自分の固定席がなく、**メンバーと直接コミュニケーションをとれる機会が減少**しています。

　顔を合わせず、会話もしなければ、メンバーとの関係性は脆弱になりがちです。お互いが何を考えているのか理解できず、不信感をもってしまうのです。さらに人間関係のストレスで、メンタルの不調者や突然の退職なども増えてしまいかねません。

　これまで上司とメンバーとのコミュニケーションは、問題解決をして短期的な結果を出すためのものが中心でした。このとき、P.20の「結果の質」から入るとバッドサイクルに陥ってしまいますし、短期的な結果を追うだけでは昨今の環境変化にも対応できません。

　そのため、上司は**コミュニケーションのあり方をアップデート**する必要があります。そこで注目されるのが1on1ミーティングです。1on1ミーティングは**メンバーのための時間**であり、上司とメンバーが定期的に対話をすることで、コミュニケーションの機会が担保されます。そして、メンバーの話を丁寧に聴き、考えや気持ちを理解し、共感、承認、応援をすることで「関係の質」を高め、**グッドサイクルを回して組織に継続的な成功をもたらします**。1on1ミーティングの導入により、ポジティブな声をよく耳にします。企業でのアップデートされたコミュニケーションが1on1ミーティングなのです。

● コミュニケーションをアップデートすることが大切

問題解決のためのディスカッションだけではなく、
メンバーが主役の対話を増やすことが重要

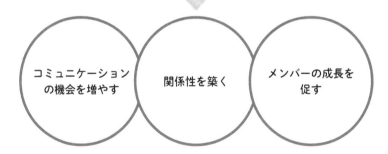

●さまざまな効果

- ・メンバーが主体的・自律的に行動するようになる
- ・信頼関係が高まって本音で話せるようになる
- ・メンバーのコンディションを把握できるようになる
- ・メンバーの業績が上がる

まとめ	□ 上司が主体のコミュニケーションだけでは機能不全 □ コミュニケーションの量を増やして質を高める

フォーカシングで心の声を聴く

　多くのビジネスパーソンは忙しく、時間に余裕がありません。なかなか自分の内面に向き合えず、心の声を無視してしまいがちです。心が声を出していても、その声を抑圧したり否定したりしていると、いつの間にかその声が消えてしまうことがあります。忙しいときこそ、心の声を聴くことが重要です。

　心の声を聴くためにはフォーカシングが役立ちます。フォーカシングとは、自分の内面に丁寧に触れていくことです。自分の内面の気になる感覚や違和感などについて、「こんな感じがある」と1つひとつ認め、それらと少し距離をとりながら、それらが何を言おうとしているのか、丁寧に耳を傾けていくのです。

　まず姿勢を整え、呼吸に意識を向けます。次に、身体（手、足、身体の中心部）に順番に意識を向けていきます。内面に何かを感じたら、そのまま認めて眺めます。さらに、内面に意識を向けながら、気になること（今の自分に必要なものは何かなど）を優しく問いかけます。そして、感じたものを自分の内面と照らし合わせ、しっくりくるまで確認します。

　ポイントは内面から生じる「よくはわからないけど何か意味がありそうな感覚」について、無視や抑圧、否定をしないことです。言葉やイメージになる前の「曖昧な感じ」や「漠然とした違和感」を「フェルトセンス」と呼びます。フェルトセンスに丁寧に触れながら、心の声を聴いていくことがフォーカシングてす。

　フォーカシングは1on1ミーティングでも重要です。1on1ミーティングを実施する上司が自分の内面に丁寧に触れていると、メンバーも内面に触れていけるようになります。　　　　（島田 友和）

Part

2

はじめよう！

自律的な
成長を支援する
1on1ミーティング

1on1ミーティングとは

● メンバーを成長させる1対1の対話

　1on1ミーティングが必要とされる社会環境を理解したところで、いよいよ本題に入りましょう。1on1ミーティングとは、**上司とメンバー（部下）による定期的・高頻度な1対1の対話**のことです。先端的なベンチャー企業や世界的な大企業が集まる米シリコンバレーを中心に、数多くの企業が1on1ミーティングを実践しており、日本では2015年から注目され始めました。コロナ禍の影響でテレワークが普及し、メンバーと会う時間が減ったことで、上司とメンバーとの意志疎通がしにくくなっています。その状況を改善するため、メンバーと対話する必要性が高まり、あらゆる業界・業種で1on1ミーティングを導入する企業が増えています。

　1on1ミーティングは**メンバーのための時間**であり、**主役はメンバー**です。上司と部下という縦の関係で業務報告や進捗確認を行うのではなく、フラットな横の関係でメンバーが主体となって自由に対話をします。目的の1つは、**メンバーとの関係性を構築する**ことです。メンバーが抱えている悩みや課題、キャリアなどについて上司が寄り添いながら傾聴し、メンバーを理解していきます。関係性が築けると、上司への信頼感が高まり、率直な意見や本音を話してくれるようになることが期待できます。また、業務で協力し合うようになり、パフォーマンスも向上します。もう1つは**メンバーの成長をサポートする**ことです。助言や指示ではなく、質問をしてメンバーに考えさせ、成長をサポートします。そして、メンバー自身が課題を設定し、主体的に考えて行動できる自律的な人材になってもらうのです。

● 1on1ミーティングはメンバーのための時間

1on1ミーティング	→	上司とメンバー（部下）による定期的・高頻度な1対1の対話

頻度 週1回から月1回	時間 30分から1時間

● 1on1 ミーティングのメンバーと上司の役割

主役
メンバー

フラットな横の関係
メンバーが自由に対話

聴き役
上司

メンバー　　　　　　　　　　上司

● 1on1ミーティングの目的

関係性の構築

メンバーが抱えている悩みや課題、キャリア、価値観などについて上司が寄り添いながら傾聴し、メンバーを理解する。

成長のサポート

質問をしてメンバーが考え、メンバー自身が課題を設定することで、主体的に考えて行動できる自律的な人材を育成する。

まとめ	☐ 1on1ミーティングは定期的・高頻度なメンバーとの対話 ☐ メンバーとの関係性を築き、成長をサポートする

1on1ミーティングと
一般的な面談との違い

● 1on1ミーティングは「メンバーファースト」の時間

　1on1ミーティングと一般的な面談はどちらも必要ですが、6つの大きな違いがあります。まずは❶目的について、一般的な面談は上司が主導するもので、目標管理や問題解決、進捗確認など、上司からの助言や指示が目的です。一方、1on1ミーティングはメンバーが主役となり、健康状態やモチベーションの確認、キャリアの相談などを自由に話し、**関係性の構築や成長のサポートを目的**とします。

　❷実施サイクルについて、一般的な面談は四半期や半年に1回程度で最短10分からですが、1on1ミーティングは**毎週1回から月1回、30分から1時間程度**で実施します。❸テーマについて、一般的な面談では優先度・重要度が高いことについて話します。一方、1on1ミーティングでは、**メンバーが話したいことをテーマ**にします。仕事で困っていること、職場での人間関係、将来のキャリア、会社のパーパスやビジョン、プライベートのことなど、幅広く扱われます。

　❹実施するためのスキルについて、一般的な面談には特に必要なスキルはありませんが、1on1ミーティングにはカウンセリング、コーチング、フィードバック、ティーチングなどのスキルがあると（P.30参照）、メンバーを効果的にサポートできます。❺面談内容の反映先について、一般的な面談は昇給、賞与、昇格、異動などに反映されますが、1on1ミーティングはメンバーの成長を目的としており**反映先はありません**。❻公式制度について、一般的な面談は企業の公式制度とされる場合が多いですが、1on1ミーティングでは公式制度の場合もあれば、**非公式で実施される場合もあります**。

● 一般的な面談と1on1ミーティングの違い

	一般的な面談	1on1ミーティング
❶目的	目標管理や問題解決、進捗確認など、上司からの助言や指示	健康状態の確認、キャリアの相談など、関係性の構築や成長のサポート
❷実施サイクル	四半期や半年に1回 最短10分から	毎週、隔週、月1回 30分から1時間程度
❸テーマ	目標達成や優先度・重要度が高いこと	仕事やプライベートなど、メンバーが話したいこと
❹スキル	必要なスキルは特にない	カウンセリング、コーチング、フィードバック、ティーチングなどを活用
❺反映先	昇給、賞与、昇格・降格、異動などに反映	反映先はない
❻公式制度	企業の公式制度とされる場合が多い	公式制度の場合も、非公式で実施される場合もある

● 1on1ミーティングの特徴

横の関係

- メンバーが主体的に話す
- メンバーが話したいテーマで話す
- 気持ちや本音を話す
- 上司が話を聴く
- 上司が感じたことを伝える
- 内省が深まるようにサポート

まとめ
- ☐ 一般的な面談は縦の関係、1on1ミーティングは横の関係
- ☐ 1on1ミーティングはメンバーが自由に話せる時間

カウンセリングやコーチング、ティーチングのスキルを活用する

● メンバーのニーズに合わせて適切なスキルを使う

1on1ミーティングでは、**カウンセリング**、**コーチング**、**フィードバック**、**ティーチング**のスキルを、メンバーのニーズに合わせて活用します。なかでもカウンセリングやコーチングなどに共通する「**傾聴**」が最も重要なスキルであり、1on1ミーティングの基本です。相手に合わせ、感情に寄り添いながら話を聴き、キーワードをリフレクション（伝え返し）し、メンバーの曖昧な思いや考えを言葉にしていきます。信頼関係が築けると、メンバーが本音を話してくれるようになります。

①カウンセリングではメンバーが主体となり、上司が傾聴を行ってメンバーをサポートするため、**傾聴力**が必要とされます。②コーチングもメンバーが主体となり、上司が傾聴と質問を行い目標達成を一緒に考えていくため、**傾聴力とともに質問力**が重要です。③フィードバックでは上司が主体となり、目標達成に向けた軌道修正や改善点の指摘などを行うため、**伝達力**が求められます。④ティーチングも上司が主体となり、知識や技術などを指導するため、**指導力**が必要です。

1on1ミーティングでは、この4つのスキルを使い分けていきます。**7〜8割ほど傾聴**を行い、残りの2〜3割はメンバーのニーズに合わせてコーチングやフィードバック、ティーチングを実施します。残りの2〜3割は、新人や若手メンバーにはティーチングが増え、中堅や管理職にはコーチングが増えます。信頼関係が築いていないのに質問責めにしたり一方的なフィードバックをしたりすると、心を閉ざして本音を話してくれません。傾聴をベースに信頼関係を築いたうえで適切にスキルを組み合わせながら対話をしていくことが重要です。

● 1on1ミーティングに求められる主なスキル

	カウンセリング	コーチング	フィードバック	ティーチング
概要	「傾聴」で心の声を聴き、自分らしく生きることをサポート	「質問」で目標達成や問題解決をサポート	気づいていないことや耳の痛いことを「伝え」、成長をサポート	知識や技術、ノウハウなどを「教え」、知識などの習得をサポート
対象者	全社員に適宜	中堅・管理職	新人・若手から中堅	新人・若手
主役	メンバー（部下）	メンバー（部下）	サポーター（上司）	サポーター（上司）
目的	関係構築（人間的成長、自己実現、安全基地）	目標達成、問題解決	目標達成に向けた軌道修正	知識・技術の指導
焦点	体験、心、感情（答えがない・問題解決が主ではない）	意志、目標、行動（答えがない・解決する）	目標、行動（答えがある・解決する）	知識、ノウハウ（答えがある・解決する）
必要スキル	傾聴力	傾聴力、質問力	伝達力	指導力

まとめ	☐ 1on1ミーティングでは傾聴をベースに対話をしていく
	☐ メンバーのニーズに合わせてスキルを活用していく

1on1ミーティングの
3つのタイプ

● ダークサイド型からライトサイド型へ改善する

　1on1ミーティングは、**ダークサイド型、エビデンスサイド型、ライトサイド型**の3つのタイプに分かれます。ダークサイド型は、上司に悪意はありませんが、**原因論で接するタイプ**です。たとえば、ミスや問題などに対し、「なぜ？」「どうして？」と質問してメンバーを追い詰めるものや、ダメ出しや指示・命令をしたり、自分の論理や価値観を一方的に押しつけたりするものが該当します。このタイプのミーティングを実施すると、メンバーは1on1ミーティングが嫌いになってしまいます。自分がダークサイド型のミーティングを行っていないかをモニタリングし、予防する必要があるでしょう。

　エビデンスサイド型は、業務報告や進捗管理など、**事実をもとにした問題解決の話題を中心に扱うタイプ**です。短期的な成果を求める内容が多く、思いや考えなどの内面に触れられることがありません。

　ライトサイド型は、受容や共感など、**メンバーに寄り添って行うタイプ**です。目的論でメンバーのありたい姿や実現したいことなどを深め、メンバーファーストで承認していきます。内面的なことにも触れ、思いや考え、感情を大切にします。

　この3つのタイプは誰もが行う可能性のあるもので、その時々の状況によっても変わります。ライトサイド型からダークサイド型になることもあれば、その逆もあります。忙しかったり体調が悪かったりするとダークサイド型に陥りがちです。1on1ミーティングの実施中、自分がどのタイプになっているかをモニタリングしましょう。**自覚をすれば改善することが可能**です。

Part
2

は
じ
め
よ
う
！
自
律
的
な
成
長
を
支
援
す
る
1
on
1
ミ
ー
テ
ィ
ン
グ

● 3つのタイプの1on1ミーティング

ダークサイド型
・質問攻めにする
・ダメ出しを行う
・指示・命令を行う
・自分の論理や価値観を押し付ける

ライトサイド型
・受容や共感などでメンバーに寄り添う
・ありたい姿や実現したいことを深める
・思いや考え、感情を大切にする

エビデンスサイド型
・業務報告や進捗管理、目標管理など
・事実をもとにした問題解決の話題が中心
・思いや考え、感情など触れない

1on1ミーティングが嫌いになる

1on1ミーティングの効果が高い

セルフモニタリングを行って
ライトサイド型に改善する

●ライトサイド型で1on1ミーティングを実施するためのアイデア

日頃から体調管理（運動、食事、睡眠）やストレス対処を実践する

1on1ミーティングの前に深呼吸やストレッチをする

1on1ミーティングのなかでセルフモニタリングを行う

メンバーの気持ちを理解しようとする姿勢で傾聴する

ポジティブな面に注目し、承認する

まとめ	□ どのタイプになっているかをモニタリングして把握する □ ライトサイド型で寄り添いながら内面にも触れていく

1on1ミーティングは
メンバーと上司の協同作業

●メンバーと上司の相互作用で効果を高める

1on1ミーティングの効果を高めるには、**メンバーと上司の協力関係が必要**です。1on1ミーティングへの上司の意欲が高くても、メンバーの意欲が低ければ効果はあまり期待できません。逆にメンバーが高くても上司にやる気がなく、パソコンやスマートフォンを操作しながら話を聴かれていては、メンバーの話す気が失せてしまいます。

メンバーと上司はお互いに影響し合い、対話に相互作用が生まれます。**お互いが当事者意識をもって1on1ミーティングに取り組む**ことで効果につながるのです。「1on1ミーティングの目的がわからない」「何を話してよいかわからない」ということがないよう、導入段階でお互いがその目的や価値を理解しておくことが重要です。

1on1の効果を高めるために、上司は1on1のマインドとスキル（カウンセリングやコーチングなど）を学んでおきましょう。**上司も1on1ミーティングを数回受け**、自分自身で体験してみることが非常に重要です。体験してみると、どんなものがよくて、どんなものがイマイチなのかが実感できます。プロのカウンセラーやコーチのセッションを体験してみるのもおすすめです。次に、メンバーと1on1ミーティングを実践してみましょう。頭で理解していても、いざやってみると思うようにできないこともあります。実践したあとは**自分自身で振り返り**をしてみましょう。P.108で解説する経験学習サイクルを参考にしてください。1on1ミーティングは協同作業ですから、メンバーから感想を聞き、フィードバックを受けましょう。よりよいものにするためには、上司とメンバーの協力関係が不可欠です。

Part
2

は
じ
め
よ
う
！
自
律
的
な
成
長
を
支
援
す
る
1
on
1
ミ
ー
テ
ィ
ン
グ

◉ メンバーと上司が協力して効果を高める

● メンバーと上司の協同作業であることを共有する

上司　メンバーと上司の
協力関係が必要　メンバー

- 1on1ミーティングの目的の理解
- 1on1ミーティングへの意欲をもつ
- 問題や課題への当事者意識をもつ
- 1on1ミーティングの効果への期待

● 上司は1on1ミーティングの 学習や体験をする

- マインドとスキルを研修などで学ぶ
- 1on1ミーティングを体験してみる
- カウンセラーやコーチのプロのセッションを体験してみる
- 実践して振り返りを行う
- メンバーのフィードバックを受ける

● メンバーは自分の成長のため の時間として活用する

- 1on1ミーティングの目的を理解する
- 1on1ミーティングに意欲的に取り組む
- 自分の課題や考えを見つめ直す
- 課題解決に主体的に取り組む
- 行動の結果や状況を上司に報告する
- 上司へフィードバックを行う

まとめ	☐ 1on1ミーティングはメンバーと上司の協力が必要 ☐ 上司は効果を高めるために研修などでトレーニングする

1on1ミーティングの導入の
背景や目的を共有する

● 丁寧に説明して1on1ミーティングの意識を高める

　上司が1on1ミーティングの導入の背景や目的を理解していないと、メンバーに説明できません。**背景や目的をきちんと理解し、オリエンテーションなどで丁寧に説明**しましょう。背景や目的の説明には、自分の考えやエピソードを交えると、メンバーの理解も深まります。

　1on1ミーティングの導入には、企業によってさまざまな背景や目的があります。たとえば、背景としては、コロナ禍によりテレワークが増え、コミュニケーションの機会が減り、関係性を築きにくくなったことなどが挙げられます。目的については、メンバーとの関係性を構築して心理的安全性やエンゲージメントを高めることや、メンバーの成長をサポートしてパフォーマンスを高めることなどがあるでしょう。その目的のために、定期的かつ高頻度な1対1の対話を実施することをメンバーへ説明します。一般的な面談とは違い、1on1ミーティングは**メンバーが主役であり、メンバーのための時間**であることを特に共有しておきましょう。

　導入時に背景や目的などを説明しないまま実施すると、メンバーは困惑するでしょう。さらに、1on1ミーティングでもメンバーの愚痴を聴くだけになったり、業務報告ばかりになったりします。できる限りオリエンテーションなどで背景や目的を伝えましょう。

　A4用紙1枚の資料に導入の**背景や目的、価値、頻度や方法、話すテーマなどをまとめて配布する**のもおすすめです。毎回の1on1ミーティングの開始時に、定期的に1on1ミーティングの目的を確認することも効果があります。

● オリエンテーションなどで背景や目的を説明

●メンバーに説明する要素

Part
2

は
じ
め
よ
う
！
　
自
律
的
な
成
長
を
支
援
す
る
１
on
１
ミ
ー
テ
ィ
ン
グ

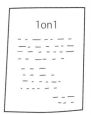

実施前にオリエン
テーションなどで
説明（資料にまと
めてもよい）

背景	例：テレワークによりコミュニケーションの機会が減り、関係性を築きにくくなった
目的	例：メンバーの成長をサポートしてパフォーマンスを高める
価値	例：メンバーが主役、メンバーのための時間、何でも自由に話して働きやすい環境を築く
頻度	例：毎週木曜日、11時から、30分程度、第1会議室にて
方法	例：上司とメンバーの1対1の対話　振り返り→テーマ決定→対話→まとめ
テーマ例	例：目標設定、業務の悩み、実現したいこと、プライベートのこと　など

●1on1 ミーティングの初回に説明してもよい

1on1 ミーティングの初回セッションの時間で説明してもよい

資料を見ながら説明してもよい。不明点は質問してもらう

●目的を定期的に確認することの重要性

- ・何のために1on1 ミーティングを行うかの目的を共有できる
- ・上司とメンバーがお互いに何をすべきかが明確になる
- ・メンバーが主役であることを確認できる
- ・上司主導の対話を防止できる
- ・建設的な対話をするにはお互いの協力が必要

まとめ	□ オリエンテーションで背景や目的などを説明する □ 1on1ミーティングに必要な情報をまとめて配布してもよい

1on1ミーティングで取り扱う
テーマを選ぶ

●9つのテーマを参考に選んでもらってもよい

　1on1ミーティングで話すテーマはメンバーに決めてもらいます。話したいことを話してもらうのでよいでしょう。とはいえ、「具体的にどんなテーマがいいのか」「何を話せばいいのか」がわからず、悩むことは少なくありません。話すテーマに悩んだときは、世古詞一氏が提唱した「**すり合わせ9ボックス®**」が参考になります。

　まず、縦軸を組織レベル、個人レベル、業務レベルの3つの空間軸に、横軸を過去、現在、未来の3つの時間軸に分けると、縦軸と横軸を掛け合わせて9つのテーマができます。**このなかから話すテーマをメンバーに決めてもらいましょう。**たとえば、業務×過去は「振り返り」がテーマで、メンバーが実施した業務の振り返りなどについて話します。また、業務×現在は「業務不安」がテーマで、メンバーの悩みや不安などについて、業務×未来は「業務改善」がテーマで、これからの業務改善や新しい業務などについてといった具合です。個人×現在は「ライフスタイル」がテーマで、趣味や家族などのプライベートの話も含まれます。プライバシーやデリケートなことに触れる可能性もあるので、興味本位で**無理に聞き出すのは禁物**です。

　この図をメンバーと見ながら、どのテーマにするかを一緒に考えてもよいでしょう。新人や若手なら「業務」や「個人」のテーマ、マネジメントを行う中堅なら「組織」のテーマが多くなる傾向があります。また、話しているうちに、話したい別のテーマが浮かんでくることもあります。テーマを決めるのは上司ではなく、主役であるメンバーです。**メンバーが選んだテーマを尊重**しましょう。

● すり合わせ9ボックス®を活用する

	過去	現在	未来
組織レベル	理念・制度・カルチャー	人間関係	組織方針
個人レベル	パーソナリティ	ライフスタイル	将来キャリア
業務レベル	振り返り	業務不安	業務改善

空間軸

過去　　　　現在　　　　未来

時間軸

- このなかから話すテーマをメンバーに決めてもらう
- どのテーマにするかをメンバーと一緒に考えてもよい
- プライバシーやデリケートなことに触れる可能性もあるので、興味本位で無理に聞き出さない
- 新人や若手なら「業務」や「個人」、マネジメントを行う中堅なら「組織」のテーマが多くなる

出典：世古詞一『対話型マネジャー 部下のポテンシャルを引き出す最強育成術』（日本能率協会マネジメントセンター）をもとに作成

まとめ	□ テーマが浮かばないときは9つのテーマを参考にする □ メンバーが決めたテーマを尊重する

1on1ミーティングを加速させる グッドサイクル

● 1on1ミーティングと職場環境で成長を促進させる

　1on1ミーティングを通じてメンバーの成長を促していくためには、1on1ミーティングのあり方だけではなく、**メンバーを取り巻く職場環境にも注意を払う**必要があります。通常1on1ミーティングは、日常業務の合間で定期的に行う取り組みであることから、次のような**「循環（サイクル）」**を築くことが大切です。

　1on1ミーティングと職場環境の双方がよい状態であれば、「安心できる職場」→「挑戦できる目標設定」→「1on1ミーティングによる上司からのサポート」→「成果が出る」→「メンバーが自信をもつ」→「さらに高い目標設定」といったグッドサイクルが生まれ、メンバーの成長と活躍が促進されます。

　一方で、1on1ミーティングと職場環境の双方が悪い状態であると、「不安を抱えた職場」→「保守的な目標設定」→「1on1ミーティングで上司に気を遣う」→「成果が出ない」→「メンバーが自信を失う」→「さらに保守的な目標設定」といったバッドサイクルが生まれ、メンバーの疲弊や無気力にもつながってしまいます。

　職場環境はよくないものの、1on1ミーティングでは信頼できる上司と話すことができる場合など、一方だけがよい状態もありますが、**一方だけでは1on1ミーティングの効果を十分に発揮することは難しい**でしょう。1on1ミーティングだけでなく、職場環境にまで注意を払い、それを改善していくことは簡単なことではありませんが、メンバーの成長と活躍に効果を発揮するサイクルが重要なことを押さえておきましょう。

● 職場環境と1on1ミーティングのサイクルを意識する

●成長や活躍につながるグッドサイクル

●疲弊や無気力につながるバッドサイクル

まとめ	☐ 職場環境とのグッドサイクルが成長と活躍を促進する
	☐ バッドサイクルは疲弊と無気力につながるので注意

1on1ミーティングの主な流れ

● 1on1ミーティングの「進行の型」を押さえる

　1on1ミーティングには「**進行の型**」があります。型に沿って進めることで、スムーズに進行できるでしょう。

　1on1ミーティングの前に行っておくとよいのが事前準備です。上司が慌てていたりイライラしていたりすると、よい結果につながりません。まずは**上司自身が気持ちを整えておく必要**があります。また、前回のメモなどがあれば、確認しておきましょう。

　1on1ミーティングの開始後は、いきなり本題に入るのではなく、軽い**❶アイスブレイク（緊張をほぐすためのやり取り）を挟む**ことで、メンバーの状態を把握したり、リラックスした雰囲気をつくったりすることができます。次に、**❷前回の振り返り**を行います。前回にどんな話があり、その後、どんな変化があったかを確認し、よい変化があった場合には、褒めたりポジティブな言葉で承認したりすることが大切です。それがメンバーのモチベーションにつながります。

　❸メインセッションは、メンバーの自律的な成長をサポートする1on1ミーティングの核となるパートですので、全体の8割程度の時間を割くつもりで考えておくのがよいでしょう。

　最後は**❹振り返りとまとめ**を行いましょう。メンバーが話した内容のなかで、気づいたことを整理したり、「これならできそう」と思えるようなスモールステップを設定したりすることで、メンバーの成長が促進されます。ただし、必ず型どおりに進めなければいけないわけではありません。メンバーの状況や関係性を踏まえ、柔軟に進めることを意識してください。

● 1on1ミーティングの「進行の型」

Part
2

は
じ
め
よ
う
！
自
律
的
な
成
長
を
支
援
す
る
1
on
1
ミ
ー
テ
ィ
ン
グ

事前準備	目的：1on1 ミーティングに向けて気持ちを整える 内容：前回内容の確認、ストレッチ・深呼吸

❶ アイス ブレイク	目的：状態の把握、リラックスした雰囲気づくり 内容：近況、時事の話題、体調面・メンタル面 目安：1〜2分程度

❷ 前回の 振り返り	目的：状況の確認、結果に対する受容と承認 内容：前回の内容、その後の変化・フィードバック 目安：全体の1割程度（30分なら3分程度） ※初回の場合は導入説明を行う

❸ メイン セッション	目的：メンバーの自律的な成長をサポート 内容：メンバーが主役となって話す 目安：全体の8割程度（30分なら24〜25分）

❹ 振り返りと まとめ	目的：気づきの言語化、行動の促進 内容：気づき、感想、スモールステップ、応援 目安：1分程度

全体で30分から1時間程度が一般的

まとめ	□ 進行の型を押さえることでスムーズに実施できる □ 最後に振り返りを行うことで全体にまとまりが出る

アイスブレイクと前回の振り返り
〜進行の型①②〜

● 本題の前にアイスブレイクと前回の振り返りを行う

　1on1ミーティングの進行において、導入にあたるパートが**アイスブレイク**と**前回の振り返り**（初回時は導入説明）です。

　アイスブレイクとは、**本題に入る前に緊張をほぐすために行われるやり取り**のことで、軽い雑談が一般的です。アイスブレイクを通じて、メンバーの心身の状態を把握したり、フォーマルな会議と異なるリラックスした雰囲気をつくったりすることができます。社内の立場や上下関係を感じさせないことで、普段は話せないようなプライベートな内容も話しやすくなります。

　新たに1on1ミーティングを始める場合には、初回に導入説明を行いましょう（P.36参照）。通常の業務ミーティングと性質が異なるため、1on1ミーティングの目的や、メンバーが主役であること、1on1ミーティングの**内容をメンバーの許可なく他人に話さない**ことなど、業務の枠を超えたコミュニケーションの場であることを説明しておくことで、メンバーは安心して話せるようになります。

　すでに1on1ミーティングを実施している場合には、アイスブレイクのあとに前回の振り返りを行います。前回にどんな話があり、その後、どんな変化があったかなどを確認します。その結果がどんなものであれ、**評価や批判をせずに受け止めましょう**。目標に向けて前進したことや、新たに挑戦したことなどのポジティブな内容であれば、メンバーを褒め、承認し、うまくいったことを喜び合います。これにより、メンバーは「応援してくれている」と感じることができ、お互いの関係性も深まるでしょう。

● 導入に行うアイスブレイクと前回の振り返り

❶アイスブレイク

本題に入る前に緊張をほぐす

時事の話題：
「昨日の大会は日本代表が勝ったみたいですね。試合は見ましたか？」

体調の話題：
「この数日はずいぶん寒いですが、体調は大丈夫ですか？」

メンタルの確認：
「まずは今日の心の状態を教えてください。今の気持ちを天気でたとえると？」

［初回のみ］1on1ミーティングの導入説明

1on1ミーティングの目的などを説明

1on1ミーティングの目的：
「1on1ミーティングは○○さんがさらに成長して活躍できるように行う取り組みです」

メンバーが主役：
「○○さんのための時間ですので、どんなテーマでも大丈夫です」

内容の守秘：
「1on1ミーティングの内容は他人には漏らしませんので、安心して話してください」

❷前回の振り返り（2回目以降）

前回の内容とその後の変化を確認

前回の内容：
「前回は業務に必要な資格試験についてお話ししてもらいましたね」

その後の変化：
「その後、試験については何か変化したことはありますか？」

フィードバック：
「なるほど！ うまく進んでいますね！ 素晴らしいと思います」

まとめ

☐ 本題の前のアイスブレイクでリラックスした雰囲気をつくる
☐ 前回からよい変化があればメンバーを承認して喜び合う

メインセッション
〜進行の型③〜

● テーマを踏まえた対話でメンバーの成長をサポートする

アイスブレイクと前回の振り返りを行ったあとは、いよいよ本題となる**メインセッション**に入ります。メインセッションは1on1ミーティング全体の8割程度（30分であれば24〜25分）の時間を使うことで、メンバーもしっかりと話せたという実感をもてます。

まずメインセッションでは、メンバーが主役であることを踏まえ、「今日はどんなテーマで話したいですか？」と尋ねてみましょう。メンバーがテーマを決めたら、「もう少し詳しく教えてください」などと聞き、**メンバーが話したいテーマの内容や、その背景にある思いなどの概要を理解する**よう努めます。

テーマの概要が理解できたら、その内容を踏まえて対話を進めていきます。その際に忘れてはいけないことは、**1on1ミーティングはメンバーの成長と活躍を促すための対話**であるということです。上司は、このメインセッションを中心に、メンバーとの関係性を構築し、思考を活性化させ、主体的な行動を促すことで、メンバーの成長をサポートするという目的意識を常にもつようにしてください。

1回の1on1ミーティングのなかで、必ずしもこれらのすべての段階を進めようとする必要はありません。メンバーの成長を促すという目的を忘れずに、メンバーとの関係性、思考や行動の状態を見ながら柔軟に調整していきましょう。

関係性の構築、思考の活性化、行動の活発化を効果的に実践するために、さまざまな考え方や技術があります。Part3以降で紹介していきますので、使いやすいものから取り入れてみてください。

◉ メインセッションで対話を進める

❸メインセッション［テーマの設定］

テーマの内容やその背景にある思いなどを理解

テーマの設定：
「それではセッションに入りましょう。今日はどんなテーマで話したいですか？」
テーマの理解：
「もう少し詳しく教えてもらえますか？」
「このテーマで話したいのはどうしてですか？」
「それについてどのように感じていますか？」

❸メインセッション［テーマを踏まえた対話］

関係性の構築 （→Part3）	傾聴、オウム返し、自己開示など 「○○ということがあり、○○と感じたのですね」 （オウム返し） 「実は私も過去に似た体験をしまして……」 （自己開示）
思考の活性化 （→Part4）	質問と応答、ありたい姿、自己効力感など 「将来どのようになっていたいですか？ 理想の状態は？」 （ありたい姿） 「自分なりに最後までやり遂げた経験を教えてください」 （自己効力感）
行動の活発化 （→Part5）	問題の明確化、スモールステップ、承認・応援など 「最初の一歩としてできそうなことは何ですか？」 （スモールステップ） 「うまくいきましたね、素晴らしい！ 私も嬉しいです！」 （承認・応援）

まとめ	☐ メンバーが主役であることを踏まえてテーマを設定する ☐ 関係性の構築、思考の活性化、行動の活発化で成長を支援

振り返りとまとめ
～進行の型④～

● 得られた気づきと次のアクションを明確化する

　1on1ミーティングの最後には、**振り返りを中心としたまとめ**を行います。それにより、メンバーが今回の1on1ミーティングから何を得られたのか、次回に向けて何をすべきなのかなどが明確になり、1on1ミーティング全体にまとまりが生まれ、次回への継続性も出てきます。

　まとめでは、まず**次のアクションを設定**します。メインセッションの内容を踏まえ、行動計画としてのアクションを設定するのです。そのうえで、「いつから」「誰と」「どのように」といった形で具体的に確認・整理していくと、行動に対する意識が高まります。

　アクションの設定は、「これならできそう」と思えるような、小さな一歩（**スモールステップ**）の内容にすることがポイントです。

　次に振り返りを行います。今回の1on1ミーティングを通じて気づいたこと・感じたことを改めて考えてもらい、その**気づきを端的な言葉で表現**してもらいます。よい気づきがあった場合には、「どんなときに生かせそうですか？」と聞いてみるのもよいでしょう。メンバーの内面から紡ぎ出された「気づき」は、その後の本人の考えや行動に影響を与え、成長にも直結します。振り返りは最後に必ず行いましょう。

　1on1ミーティングの終わりには、**メンバーへの承認や応援の言葉**をかけ、モチベーションを高めておくことも大切です。

　ここまでが1on1ミーティングの「進行の型」です。この流れを頭に入れておくと、1on1ミーティングをスムーズに進行できます。

● 振り返りとまとめで行動へとつなげる

❹振り返りとまとめ［アクションの設定］

行動計画としてのア
クションを設定

スモールステップ：
「このテーマを一歩進めるために、何から手をつけ
　ましょうか？」
アクションの具体化：
「いつから始めますか？」「誰と進めますか？」
「どのように進めますか？」
次回に向けた確認：
「次回の1on1ミーティングで、このアクションの結
　果について教えてください」

❹振り返りとまとめ［振り返り］

気づいたことを考
え、その気づきを言
葉で表現してもらう

気づきの確認：
「今回の1on1ミーティングを通じて、気づいたこと
　や感じたことを教えてください」
活用場面の確認：
「その気づきは、今後どんな場面で生かしていけそ
　うですか？」
影響の確認：
「その気づきを今後に生かせたら、どんなよい影響
　がありそうですか？」

終わりに

承認や応援の言葉
をかける

応援：
「着実に前進していますね！ 引き続き頑張っていき
　ましょう」
次回の日程の確認：
「次の1on1ミーティングは2週間後ですね。次回も
　よろしくお願いします」

まとめ	□ 次回に向けたアクションを明確化・具体化しておく □ 振り返りで気づいたことを言語化して成長を促進

1on1ミーティングのよくある疑問

Q：オンラインではカメラのオンとオフのどちらがよい？

　上司が実施しやすいかどうかではなく、メンバーが話しやすいことが重要です。カメラをオンにしたほうが、顔が見られて話しやすいのであればオンにします。オンにすると緊張して話しにくいのであればオフにするとよいでしょう。オンラインにおいてもメンバーが話しやすいことが重要です。

Q：1on1 ミーティングでメモをとってもよい？

　メモや記録をとられていると、本音や気持ちを話しにくくなる人もいます。メモをとりたい場合は、メンバーに確認してみましょう。メモをとるときは、顔を下に向けたままでは話を聴いているように見えません。話を聴くことに集中し、メモをとるのは最小限のキーワードだけにしましょう。

Q：アドバイスや指摘をしたくなってしまう……

　自分が知っていることや思いついた解決策などは、ついアドバイスしたくなってしまいます。1on1 ミーティングで重要なことは、余計なことを言わず、素直に聴くことです。そのためには、今、何が自分（聞き手）に起こっているかを意識することが大切です。アドバイスをしたくなっている自分に気づいたら、ゆっくりと深呼吸をしましょう。

（島田 友和）

Part

3

人材育成の土台となる

「関係性」の構築

働きがいがあり
働きやすい職場とは

● 働きがいと働きやすさの両方を高める

　働きがいがあり、働きやすい職場では、従業員のモチベーションが高まり、**定着率上昇や業績向上などに効果がある**ことが厚生労働省の調査で明らかになっています。そのような職場づくりには、臨床心理学者であるフレデリック・ハーズバーグ氏が提唱した「二要因理論（動機付け・衛生理論）」で目指す方向がわかります。

　1つめの「動機付け要因」は**仕事の満足度**に関わる要素で、働きがいに関連します。動機付け要因には自己成長、仕事そのもの、承認されることなどがあり、これらの要因が多いほど仕事に前向きになり、モチベーションが高まります。逆に、動機付け要因が少ないと仕事への満足度が低くなり、働きがいのある職場を求めて離職しやすくなります。1on1ミーティングでは、メンバーとの関係性の構築や成長のサポートにより、**動機付け要因を増やすことができます**。

　もう1つの「衛生要因」は**仕事の不満**に関わる要素で、働きやすさに関連します。衛生要因には給与、待遇、人間関係など、労働条件や労働環境が含まれます。これらが整備されていないと不満を抱きますが、整備されても、不満は軽減されるものの満足につながらないという特性があります。逆に、動機付け要因が満たされている職場でも、給与や待遇が満たされていないと離職することもあります。

　このように仕事の満足と不満を生み出す要因は異なります。メンバーの満足度を高めるためには、**動機付け要因と衛生要因のバランスが重要**です。衛生要因を整備して不満を軽減しつつ、動機付け要因を満たして仕事の満足度を高めていくことが大切なのです。

● 働きがいがあって働きやすい職場を目指す

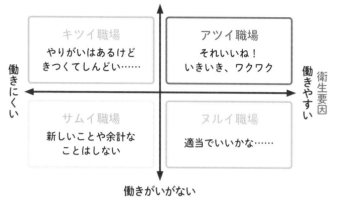

● 働きやすい・働きがいのある職場づくりのポイント

「働きがい」の意識を高める
❶ 仕事の意義や重要性を説明する
❷ 従業員の意見を経営計画に反映する
❸ 本人の希望をできるだけ尊重して配置する
❹ 希望に応じてスキルや知識が身につく研修を実施する
❺ 提案制度などで従業員の意見を聞く

「働きやすさ」の意識を高める
❶ 希望に応じてスキルや知識が身につく研修を実施する
❷ 本人の希望をできるだけ尊重して配置する
❸ 提案制度などで従業員の意見を聞く
❹ 従業員の意見を経営計画に反映する
❺ 経営情報を従業員に開示する

出典：厚生労働省『職場の働きやすさ・働きがいに関するアンケート調査（従業員調査）』(平成25年)
　　　をもとに作成

まとめ	□ 動機付け要因は、仕事の「満足度」に関わる要因
	□ 衛生要因は、仕事の「不満」に関わる要因

心理的安全性の高いチームを構築する

● 気兼ねなく発言できる環境をつくる

　ビジネスでは現在、「**心理的安全性**」が注目されています。心理的安全性とは、組織の成果に向けた率直な意見や素朴な質問、違和感への指摘などを**誰でも気兼ねなく安心して発言できる状態**のことです。ハーバード大学教授のエイミー・C・エドモンドソン氏が提唱し、Googleが「プロジェクト・アリストテレス」の調査で「生産性を高める重要な要素」と結論付け、多くの企業から注目されました。

　石井遼介氏の著書『心理的安全性のつくりかた』によれば、以下の4つの因子があると心理的安全性が高まるとされています。

　まずは「**話しやすさ**」の因子です。人は、ニコニコしている相手には話しかけやすく、しかめ面をしている相手には話しかけにくいでしょう。同様に、否定されると発言しにくくなりますが、肯定されると発言しやすくなり、安心して率直な発言ができるようになります。

　次に「**助け合い**」の因子です。ミスやトラブルがあったり困ったりしたときにサポートを求められるかどうかです。メンバーが困っていそうだったら、声をかけましょう。3つめは「**挑戦**」の因子です。挑戦を歓迎して応援できるか、挑戦に価値を感じるか、非現実的でもおもしろいアイデアを共有できるかどうかです。挑戦因子が高いとチームに活気が出て、アイデアが出やすくなります。

　そして4つめが「**新奇歓迎**」の因子です。メンバー1人ひとりの強みや個性、価値観を大切にしているか、違いを受け入れて活用し、新しい価値を生み出しているかどうかです。メンバーが自分らしさを発揮することを歓迎する環境が求められます。

● 心理的安全性を高める4つの因子

話しやすさ

何を言っても安心！

第一声は笑顔で応答

声かけの例
「相談してくれてよかったです。いつでも声をかけてください」

助け合い

困ったときは助け合い！

困っていそうなときに
声かけ

声かけの例
「何かありましたか。お手伝いできることはありますか？」

挑戦

ナイスチャレンジ！

挑戦したことを承認

声かけの例
「いい挑戦でしたね！ まずはやってみることが大事ですね」

新奇歓迎

自分らしさを歓迎！

個性や価値観を
大切にする

声かけの例
「そうきましたか！ 斬新なアイデアですね」

1on1ミーティングの効果を高めるには、その土台となる職場の心理的安全性が必要

まとめ

☐ 心理的安全性を高めるには4つの因子が重要
☐ 話しやすい雰囲気をつくるにはニコニコの笑顔

言動や態度、心で
メンバーを尊重する

◉メンバーが「大切にされた」と感じる表現をする

　上司がメンバーを尊重することで、関係性は構築されます。そのためには、**メンバーの話を丁寧に聴き、理解しようとする姿勢で、受容や共感、承認や感謝をする**ことが大切です。

　あなたはメンバーにどう接しているでしょうか。たとえば、「上司として振る舞わなければ」と考え、自分の意見を一方的に押しつけたり、メンバーを否定したり、話を聴かなかったりしていては、尊重からはかけ離れています。あるいはメンバーを尊重していても、**言動で表現しなければ伝わりません**。心のなかではメンバーの意見に感謝していても「そのアイデアはあと一歩ですね」などと否定的な応答をすると、メンバーは「大切にされた」とは思いません。まずは「意見を出してくれてありがとうございます」と感謝を伝えましょう。

　言語だけではなく、視覚や聴覚も重要です。アルバート・メラビアン氏は、視覚、聴覚、言語から得られる情報が矛盾していた場合、人がどう受け止めるかを実験しました。その結果、視覚情報が優先される場合が55%、聴覚情報が38%、言語情報7％という結果（メラビアンの法則）になりました。自分が意見を言ったとき、顔を見ずに小さな声で「ありがとう」と言われたら、あまりいい印象は受けないでしょう。**視覚、聴覚、言語を一致させて伝える**ことが大切なのです。

　心のなかで相手をどう思っているかも重要です。相手を見下していると、言葉で表現しなくても表情や態度に表れ、相手に伝わってしまいます。相手の自分らしさを認めましょう。相手を尊重する心と適切な言動があることで、相手は「大切にされた」と実感するのです。

● 相手を尊重した接し方をする

相手を傷つける接し方

相手を尊重した接し方

・傲慢、攻撃的な態度
・意見を一方的に押しつける
・相手を否定する
・話を聴かない
・相手を嘲笑したり見下したりする

・受容、共感的な態度
・話を丁寧に聴き、理解しようとする
・相手への承認や感謝を伝える
・相手の意見を肯定してくれる
・心のなかで相手を尊重している

● メラビアンの法則を念頭に置く

視覚、聴覚、言語から得られる情報が矛盾していた場合の、相手の印象へ影響を与える割合

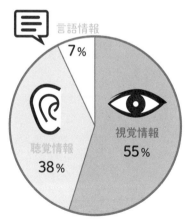

言語情報
7%

聴覚情報
38%

視覚情報
55%

視覚、聴覚、言語の情報を一致させて伝えることが重要

まとめ	☐ メンバーを尊重する心と、自分らしさを認めることが重要 ☐ メンバーを尊重していることが伝わる表現をする

普段からのアサーションで
人間関係を良好にする

● メンバーも自分も大切にしたコミュニケーションをする

　1on1ミーティングが効果を発揮するためには、**普段のコミュニケーションが重要**です。メンバーと上司が、普段からお互いを尊重したコミュニケーションをすることで、関係の質（P.20参照）や心理的安全性（P.52参照）を高めます。お互いを尊重したコミュニケーション手法として、精神科医のジョセフ・ウォルピ氏が提唱した「**アサーション**」があります。アサーションとは、**自分も相手も尊重したコミュニケーションの方法**です。自分の気持ちや考えを誠実かつ対等に、その場に適した方法で伝えるマインドとスキルであり、自分も相手も誠実にコミュニケーションすることを奨励します。

　人間関係におけるコミュニケーションには、大きく3つのタイプがあります。1つめは**ノンアサーティブ（非主張的）**なタイプです。自分の気持ちや考えを抑え、相手を優先します。そのため、本音を言えず、相手に振り回され、ストレスがたまって疲れてしまいます。2つめは**アグレシッブ（攻撃的）**なタイプです。自分を優先し、相手を軽視・無視して一方的に話すので、人間関係が悪化します。自分と異なる意見を排斥することもあり、相手は発言しにくくなります。3つめは**アサーティブ（自他尊重）**なタイプです。自分の気持ちや考えを相手に配慮して伝え、相手の反応や意見も受け止めようとします。

　普段からアグレッシブなコミュニケーションをしていると、1on1ミーティングも苦痛な場になってしまいます。お互いがアサーティブなコミュニケーションをすることで関係性が良好になり、1on1ミーティングでも率直な発言や本音での対話が期待できます。

● コミュニケーションのタイプ

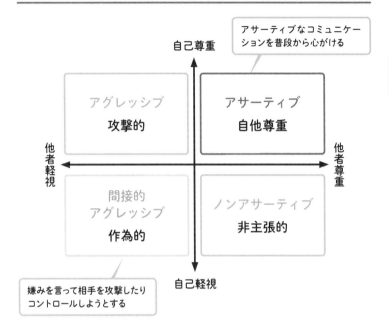

アサーティブなコミュニケーションを普段から心がける

自己尊重

アグレッシブ
攻撃的

アサーティブ
自他尊重

他者軽視

他者尊重

間接的
アグレッシブ
作為的

ノンアサーティブ
非主張的

自己軽視

嫌みを言って相手を攻撃したり
コントロールしようとする

	自分	相手
ノン アサーティブ	軽視	尊重
アサーティブ	尊重	尊重
アグレッシブ	尊重	軽視

まとめ
□ 自他尊重のコミュニケーションが関係性を構築する
□ 攻撃的・作為的なコミュニケーションは人間関係を悪化させる

コミュニケーションの頻度を
増やすと好感度が上がる

● 会う回数を増やし、人間性を知ると好意が強まる

　人は、初対面の相手に警戒しますが、会う回数が増えてくると親近感がわいてくるものです。これは、米国の社会心理学者であるロバート・B・ザイアンス氏の研究により「単純接触効果（ザイアンス効果）」と呼ばれています。単純接触効果とは、**対象に繰り返し接していると、その対象に好意をもつようになる**というものです。人は、知らない相手には冷淡で攻撃的になりがちですが、会う回数が増えるごとに好意が強まります。そして相手の人間性を知ると、さらに好意をもつようになり、会う回数が一定数を超えると好意の上昇が緩やかになります。

　職場のメンバーとも、たまにしか顔を合わせていないと警戒されます。こまめに顔を合わせることで、警戒心が解け、好感度が上がるのです。また、月1回・1時間のコミュニケーションより、**週1回・15分といった高頻度コミュニケーションのほうがお互いに好意をもちやすく**なります。ただし、攻撃的な言動や批判、否定などを繰り返し、メンバーとの関係が悪化すると、会う回数を増やしてもネガティブに働くので注意しましょう。そのほか、人は相手の人間性を知ると好意が強まります。たとえば、**上司からプライベートや趣味などの話をする**ことでもメンバーが親近感をもつようになるでしょう。

　したがって、1on1ミーティングは高頻度で定期的に実施すると、単純接触効果をもたらし、関係性を構築しやすいといえます。1on1ミーティング以外でも、普段からスキマ時間を見つけ、こまめに笑顔で声をかけていきましょう。

● 単純接触効果（ザイアンス効果）のイメージ

会った回数1回　　　会った回数5回　　　会った回数10回

好意　　　　　　　　　　　　　　　　　　　　　　　強

会う回数が増えるごとに好意が強まる

● 単純接触効果を踏まえたコミュニケーションのポイント

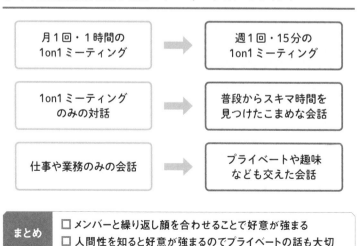

| 月1回・1時間の 1on1ミーティング | ➡ | 週1回・15分の 1on1ミーティング |

| 1on1ミーティング のみの対話 | ➡ | 普段からスキマ時間を 見つけたこまめな会話 |

| 仕事や業務のみの会話 | ➡ | プライベートや趣味 なども交えた会話 |

まとめ
☐ メンバーと繰り返し顔を合わせることで好意が強まる
☐ 人間性を知ると好意が強まるのでプライベートの話も大切

4つの承認で
信頼構築と成長支援を行う

● 存在、行動、成長、結果の4つの承認を押さえる

　人は誰でも「他人から認められたい」「自分の価値を認めたい」と思っており、**メンバーを承認することで関係性の構築につなげる**ことができます。コミュニケーションによりメンバーを承認する方法には、次の4種類があります。

　1つめは**存在承認**です。メンバーの存在自体を承認します。たとえば、笑顔で名前を呼ぶ、目を見て話す、意見を求めるなどの行為が該当します。普段からメンバーへ声をかけることで、存在承認が満たされ、関係の質や思考の質を高めることにつながります。

　2つめは**行動（プロセス）承認**です。メンバーの行動や努力、協力などを承認することで、行動の質が高まります。結果は本人以外の力の影響も受けますが、行動は本人次第で変わるものだからです。

　3つめが**成長承認**です。よくなった点やできた点に注目します。他人との比較ではなく、個人の成長を重視することがポイントです。

　4つめが**結果承認**です。ある調査では、「仕事にやりがいを感じる」のは「仕事の成果を認められること」という回答が多い結果になりました。成果を出したときに承認することで、モチベーションが高まり、結果の質も高まります。ただし、結果承認のみに注目すると、結果の質から始まるバッドサイクルに陥るので（P.20参照）、**存在をベースに、行動、成長、結果を承認してグッドサイクル**を回しましょう。普段からメンバーをよく観察し、承認できることをメモに残しておくとよいです。それを、日常業務の場や1on1ミーティングの場で伝えていきましょう。

● 承認の4種類の方法

存在承認

**メンバー自身の存在を
承認する**

・笑顔で名前を呼ぶ
・目を見て話す
・意見を求める　など

関係の質や思考の質が高まる

行動承認

**メンバーの行動や努力、
協力などを承認する**

「○○さんに協力してもらっ
て助かりました」
「○○さんはこの部分に工夫
して頑張りましたね」など

行動の質が高まる

成長承認

**メンバーのよくなった点や
できた点を承認する**

「○○さんはプレゼンが上達
しましたね」
「この部分は前回よりよく
なっていますよ」など

行動の質が高まる

結果承認

**メンバーの仕事の成績や
成果などを承認する**

「新商品がヒットしました
ね！ 素晴らしいです」
「契約が決まりましたね！ お
めでとうございます」など

結果の質が高まる

・存在をベースに、行動、成長、結果を承認してグッドサイクルを回す
・普段からメンバーをよく観察し、承認できることをメモに残しておく
・メモに残した承認できることを、日常業務の場や1on1ミーティング
　の場で伝えていく

まとめ
□ 普段から承認できることをメモして伝えていく
□ 存在をベースに4つの承認を行ってグッドサイクルを回す

メンバーのポジティブな面に注目してヨイ出しをする

● ポジティブな面を伝え、ポジティブな言動を増やす

　人はネガティブに考える傾向があります。その理由は、自分の身を守ろうとする防衛本能が働くためなどといわれています。相手を見るときにも、同じ傾向で相手のできていない点やネガティブな面に無意識に注目してしまいます。そして、相手に「ダメ出し」（ネガティブな面の指摘）をして、改善してもらおうとする傾向があるのです。

　1on1ミーティングでダメ出しをされたメンバーは、モチベーションが下がり、自信も失います。さらに関係性も悪化し、コミュニケーションを避けるようになるかもしれません。そのため、1on1ミーティングでは**メンバーのポジティブな面に意識的に注目**していきましょう。

　まずメンバーの経過や成長に注目し、よい点やできている点を笑顔で挙げる「**ヨイ出し**」をします。たとえば、メンバーのプレゼンが70点の評価だとしたら、できていない30点に注目するのではなく、できている70点に注目して「ヨイ出し」をします。メンバーは肯定されると前向きな気持ちになり、「承認してもらえた」と安心します。そのうえで、**さらによくするために一緒に考えていく**ことが重要です。

　人は、ネガティブなことを指摘されればネガティブな言動が増え、ポジティブなことを指摘されればポジティブな言動が増えていくものです。そのため、**メンバーにポジティブなことを伝え、ポジティブな言動を増やすサポート**をしていきましょう。自分がメンバーのできていない点に注目していると気づいたら、深呼吸をして思考を切り替え、できている点に注目します。これができるようになると、メンバーとの関係性が安定し、コミュニケーションが円滑になります。

● ネガティブな視点とポジティブな視点の違い

	ネガティブな視点	ポジティブな視点
視点	ネガティブな面に注目	ポジティブな面に注目
重視	結果のみに注目	プロセスやアクションに注目
メッセージ	ダメ出し、指示・命令	ヨイ出し、一緒に考える
結果	ネガティブな言動が増加	ポジティブな言動が増加
関係性	悪化 (縦の関係)	安定・良好 (横の関係)

● 悪い「ダメ出し」とよい「ヨイ出し」の例

関係性が悪化する
「ダメ出し」

・できていない点をダメ出し
・知識やスキルでダメ出し
・批判や否定でダメ出し
・他人との比較でダメ出し
・結果や成績でダメ出し
　など

関係性が良好になる
「ヨイ出し」

・できている点を「ヨイ出し」
・協力や貢献に「ヨイ出し」
・共感や感謝に「ヨイ出し」
・成長や変化に「ヨイ出し」
・努力や工夫に「ヨイ出し」
　など

まとめ
☐ メンバーのよい点やできている点に意識的に注目する
☐ 「ヨイ出し」を行ってメンバーとの関係性を構築する

価値観や考え方の違いを
受け止める

●「オウム返し」で応答して受け止める

　価値観や考え方は十人十色です。たとえば働き方について、「仕事で自己実現を果たしたい」と考える人もいれば、「仕事もプライベートも好きなことをしたい」と考える人もいます。価値観や考え方に相違があると、つい「自分のほうが正しい」「相手が間違っている」と判断しがちです。自分の正しさを一方的に押しつけ、相手の考え方を変えようとすると、人間関係が悪化します。視点を変えればどちらも正しく、どちらも間違っているものです。正しい・間違いではなく、**視点の違いとして受け止めましょう**。

　価値観や考え方が異なる場合は、まずメンバーから出た発言やキーワードに「**オウム返し**」をしましょう。これだけでも存在承認（P.60参照）になり、メンバーは「受け止めてくれた」と感じます。

　発言の受け止め方により、メンバーに与える印象は変わります。たとえば、メンバーに「新商品開発で大事なことは何ですか？」と質問します。メンバーが「顧客ニーズのある商品を考えることです」と答えたとき、「顧客ニーズより売上が大事ですよね？」と応答した場合と「顧客のニーズを大事にしているのですね。そう考える背景を教えてもらえますか？」と応答した場合で、メンバーに与える印象はかなり違います。前者は即座に否定しているため、ネガティブな印象を与えますが、後者は**メンバーの意見を受け止めたうえで質問をしている**ので、ネガティブな印象を与えません。ネガティブな応答をしそうなときは、応答の前に一呼吸おき、「ああ、よいですね」「○○なんですね」などとオウム返しをして受け止めましょう。

◉ 価値観や考え方への視点

価値観や考え方 ➡ 正しい・間違っているではない
→十人十色で、さまざまな価値観や考え方がある

相手の価値観や考え方を受け止め、相手を理解しようとすることが重要

◉「オウム返し」による応答の例

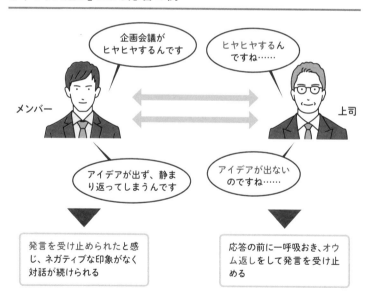

企画会議がヒヤヒヤするんです

ヒヤヒヤするんですね……

メンバー

上司

アイデアが出ず、静まり返ってしまうんです

アイデアが出ないのですね……

発言を受け止められたと感じ、ネガティブな印象がなく対話が続けられる

応答の前に一呼吸おき、オウム返しをして発言を受け止める

まとめ
□ 否定せずに「オウム返し」でいったん受け止める
□ 考えが異なるときはその背景を確認し理解しようとする

上司から自己開示を行って
メンバーの心を開く

● 上司から本音や失敗を話してみる

　メンバーと上司の関係性が構築できていないと、メンバーは思いや本音などを話しにくく、表面的な対話になりがちです。メンバーにとって上司は評価者でもあるので、「本音を言ったら怒られる」「評価が下がる」などのさまざまなリスクや不安があります。そのリスクを負ってまで、本音を話すメンバーは少ないでしょう。

　メンバーが本音を話すのは、**上司に安心感や信頼感をもったとき**です。そこで、上司は自分の本音や失敗などを話し、**自己開示**をしてみましょう。1人の人間として誠実に話すことで、メンバーも心を開くようになります。たとえば、「○○のミスをしたことがあります」「○○の作業で困っています」など、上司にも同じような悩みや苦しみ、失敗があることをメンバーが理解することで、安心感や信頼感が醸成されます。すべてをさらけ出す必要はありませんが、話せる範囲で自己開示をしていきましょう。「返報性の原理」といって、**上司が自己開示をすると、メンバーも自己開示をしたくなります**。お互いが自分のことを話すことで、相互理解が深まっていきます。

　また、上司の心身の状態は、メンバーに影響を及ぼすことがあります。上司が忙しくしていると、メンバーも慌ただしくなります。上司がイライラしていると、メンバーはそれに反応して緊張や不安を感じてしまいます。そのような状態では、1on1ミーティングの効果が見込めません。上司は開始5分前ほどには仕事を中断し、深呼吸やストレッチなどをして自分自身のコンディションを整え、1on1ミーティングモードに切り替えておくことが重要です。

● 自分から本音や失敗を話してみる

上司から自己開示を行う
・新人の頃の失敗談
・現在、悩んでいること
・メンバーに助けてほしいこと

思いや本音、失敗

上司　　　　　　　　　　　　　メンバー

プライベートや趣味

メンバーも自己開示をしたくなる
・最近、落ち込んだ失敗
・現在、抱えている悩み
・サポートしてほしいこと

● 自己開示の切り出し方の例

●プライベートについての自己開示

・趣味について
・最近読んだ本、聴いた音楽、観た映画やドラマ
・現在のマイブームや熱中していること

●仕事についての自己開示

「○○さんと同じミスをしたことがあります」
「同じ業務を担当していたときは大変でした」
「重要なプレゼンのときは本当に緊張しました」
「新規プロジェクトの立ち上げは苦しかったです」
「企画書は何を書けばいいかわからず不安でした」

まとめ	□ 安心感をもたせるために自分の本音や失敗を話してみる □ お互いが自分のことを話すことで相互理解が深まる

Iメッセージで気持ちや考えを
伝える

●「私」を主語にして気持ちや考えを伝える

　「I メッセージ」とは、米国の心理学者であるトマス・ゴードン氏が提唱した、**「I（私）」を主語にして自分の気持ちや考えを伝える**コミュニケーションの方法です。それに対し、「You（あなた）」を主語にして伝える方法を「You メッセージ」といいます。

　I メッセージは「私は○○です」といった表現になります。たとえば、「私は○○と考えます」のように話すことで、自分の気持ちや考え、要望が伝わりやすくなるなどの効果があります。I メッセージは自分の気持ちや考えを表現しているだけなので、「良い」「悪い」、「正しい」「間違っている」などの基準がなく、**相手はその発言をポジティブに受け取りやすくなります。**

　一方、You メッセージは「あなたは○○です」といった表現になります。たとえば、「あなたは○○をすべきです」のように話すことで、相手に対する**批判や否定、評価、命令といったニュアンスが強く**なります。責める印象が強くなると、たとえその発言が正しいとしても、相手はネガティブに受け取ったり、反発を覚えたりするようになります。そして、責められないように心を閉ざし、思いや本音などを言わなくなり、関係の質が悪化します。

　You メッセージがすべて悪影響を及ぼすわけではありません。状況によって効果を発揮することもありますが、慎重に使いましょう。反対に、**I メッセージはどんな場面でも使える伝え方**です。コミュニケーションが上手な人は I メッセージを使っていることが多いです。相手に何かを伝えるときは I メッセージを積極的に使いましょう。

● YouメッセージとIメッセージの違い

Iメッセージ	➡	「I（私）」を主語にして自分の気持ちや考えを伝える方法 →相手はポジティブに受け取りやすい

Youメッセージ	➡	「You（あなた）」を主語にして自分の気持ちや考えを伝える方法 →相手はネガティブに受け取りやすい

Iメッセージの例:
「私はチームの月間目標を達成したいので、○○さんに営業を手伝ってほしいです」

➡ 「上司は達成したいのだな」とそのまま受け取る

Youメッセージの例:
「○○さんが営業に力を入れていないので、チームの月間目標を達成できていません」

➡ 「営業をやっていない」と責めているように感じる

Iメッセージの例:
「時間がない案件なので、○○さんが資料作成を急いでくれると私は助かります」

➡ 「上司が急いでいるのだな」とそのまま受け取る

Youメッセージの例:
「○○さんがすぐに資料を作成してくれないので、後工程が滞っています」

➡ 「作業が遅い」と責めているように感じる

まとめ	☐ Iメッセージは相手が受け取りやすく協力的になる ☐ Youメッセージはネガティブな印象を与え、反発させる

メンバーと上司のタイプを知る

● タイプを理解して適切なコミュニケーションを行う

　お互いの価値観や考え方、行動の違いを理解することで、適切な
コミュニケーションができるようになります。自分と相手の傾向を大
まかに把握するのは、米国の産業心理学者であるデビット・メリル氏
が提唱した「**ソーシャルスタイル理論**」が活用できます。

　ソーシャルスタイル理論は、**自分と相手を理解し、適切なコミュニ
ケーションを行うための理論**です。この理論では、「自己主張」と「
感情表現」の２軸により、コミュニケーションのタイプを「**ドライビ
ング**」「**エクスプレッシブ**」「**エミアブル**」「**アナリティカル**」の４つに
分類します。自分と相手のタイプを理解することで、よりよいコミュ
ニケーションができるようになります。この理論は仕事だけではな
く、プライベートも含めた人間関係にも幅広く使えます。

　各タイプの特徴として、ドライビング（現実重視）はリーダーシッ
プがあって判断や決断が早いですが、指図されたり相手に合わせたり
することが苦手です。エクスプレッシブ（感覚重視）は楽しいこと
が好きで発想力や行動力がありますが、飽きっぽく、計画を立てるの
が苦手です。エミアブル（協調重視）は人間関係を大切にして優しく
親切ですが、決断が遅く、人前で話すことが苦手で、ノーと言えませ
ん。アナリティカル（思考重視）は論理や正確性を好み、コツコツと
取り組みますが、話が長くて行動が遅い傾向があります。

　人はさまざまな性質が共存しているものなので、たいていの人は**4
タイプに強弱を付けた複合型**です。自分や相手のタイプを知り、相
手や環境に合った適切なコミュニケーションを行いましょう。

● ソーシャルスタイル理論の4つのタイプ

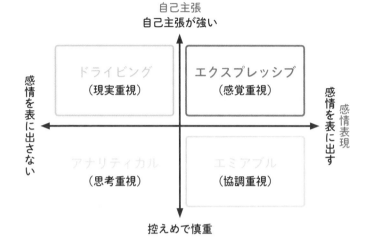

自己主張
自己主張が強い

ドライビング （現実重視）	エクスプレッシブ （感覚重視）
アナリティカル （思考重視）	エミアブル （協調重視）

感情を表に出さない ← → 感情を表に出す

感情表現

控えめで慎重

	重要なこと	苦手なこと	強み	弱み
ドライビング	達成 コントロール	優柔不断 非効率	リーダーシップ 意志決定 効率的	相手に合わせる 怖い 褒める
エクス プレッシブ	楽しさ 自由	窮屈 退屈	発想力 社交的 巻き込み	飽きっぽい 地道な努力
エミアブル	安心 温かさ	気遣いのなさ 無神経さ	親しみやすい 人助け 期待に応える	決断できない 圧力に弱い
アナリティカル	正確さ 緻密さ	予想外の出来事 急かされること	正確さ 緻密さ コツコツ	行動が遅い 話しが長い 雑談

まとめ	□ 4つのタイプの特徴を理解してコミュニケーションを行う □ タイプに優劣はなく、複合しており、こだわりすぎない

コンプリメントの実践

　通常の業務や1on1ミーティングなど、どんな場面でも重要な行動がコンプリメントです。コンプリメントとは、相手に対して承認や称賛、ねぎらい、応援、感謝などを表すことです。コンプリメントをされると、相手は自信がつき、勇気付けられます。不安なときは、ほっと安心します。

　コンプリメントのポイントは、ポジティブな目線でメンバーのよい点に目を向けることです。メンバーの成長、協力や貢献、プロセス（努力、改善、工夫）、できるようになったことなどにコンプリメントをします。特別なことではなく、当たり前のことや身近なことにコンプリメントをしていきましょう。

　コンプリメントには、直接的と間接的の2種類があります。

●**直接的コンプリメント**

非言語：ほほえむ、相づち、感嘆（わぁ～！　へぇ～！）

言語　：「いいですね！」「すごいですね！」

●**間接的コンプリメント**

・どうやってやったのですか？

・どうやってできるようになったのですか？

・どうやって継続しているのですか？

　コンプリメントをされたとき、照れ隠しや謙遜をしてしまうことがあります。そうすると、伝えた側は否定されたと感じるので、まずは「ありがとうございます」と受け入れましょう。

　身近な人にできる範囲で実践してみましょう。実践を繰り返すうちに自分に合ったコンプリメントができるようになります。自分自身にコンプリメントをするのもおすすめです。　　（島田 友和）

Part

4

建設的に課題を考える

「思考」の活性化

「ありたい姿」を
イメージしてもらう

● メンバーの可能性を信じて未来像を引き出す

　1on1ミーティングでは、メンバーの「よりよい仕事をしたい」という建設的な思考を活性化するために、上司にはその考えや思いを汲み上げ、具体化させていくことが求められます。そのための最初の一歩は、**メンバー自身に未来の「ありたい姿」を具体的にイメージ**してもらうことです。上司がメンバーに対して考える「あってほしい姿」ではなく、メンバー自身が将来に実現したいと思うような、純粋でポジティブな未来像です。人により表現はさまざまですが、「夢」や「理想」とも表現できます。

　「ありたい姿」が明確になると、日々の仕事に意味を見出すことができたり、目標に向けてステップアップする達成感を得られたりするようになり、働くモチベーションにもよい影響を与えます。

　「ありたい姿」を引き出すためには、まず上司が**メンバーのなかにある無限の可能性を信じる**ことが大切です。そうすることで、メンバー自身も自分の可能性を信じることができます。もしメンバーが「いずれ起業して世界中の人に商品を届けたいのです」と言ったとき、上司が「いきなり世界中は無理がありますね。それに起業はリスクが高いことですよ」と答えたらどうでしょうか。メンバーは自分の可能性を信じられなくなり、リスクの少ない仕事を選んだり、考えることを放棄したりしてしまうようになります。

　上司がメンバーの可能性を信じ、「世界中の人に商品を届けたいんですね。どんな商品ですか？」などと、批判や評価をせず、興味をもって向き合うことで「ありたい姿」が具体化されていきます。

● メンバーのための対話を心がける

・「あってほしい姿」を伝える
・リスクに着目する
・批判や評価をする
・義務的に話を聴く

 上司のための対話

上司

メンバー

・「ありたい姿」が話せない
・仕事の意味がわからない
・自分にはできないと思い込む
・自分で考えることを放棄する

・「ありたい姿」を聴く
・メンバーの可能性を信じる
・批判や評価をしない
・興味をもって聴く

○ メンバーのための対話

上司

メンバー

・「ありたい姿」が話せる
・仕事に意味を見出せる
・自分の可能性を信じられる
・建設的な思考が活性化する

まとめ	□ 「ありたい姿」はモチベーションに影響を与える □ メンバーの可能性を信じ、批判や評価をせずに対話する

質問と応答のサイクルで
思考を深める

●「質問→考えて答える→質問」のサイクルを回す

　1on1ミーティングは、上司のための時間ではなく、メンバーのための時間です。上司はメンバーの話したいことを、批判や評価をせずにしっかりと聴く姿勢が求められます。その際、話を聴くだけではなく、**上司からメンバーに質問を投げかけ**、メンバーに思考を促すことも重要です。

　上司が質問を投げかけ、メンバーがそれについて考え、答えます。その答えを受け、さらに上司が質問するというサイクルを意識することで、お互いの理解が深まるだけではなく、メンバーのなかにある**課題や悩みが整理**されたり、**新たな気づきやモチベーション**が生まれたりするといった効果が得られます。ただし、上司の興味や思いつきで質問するのではなく、あくまでメンバーが主体となって考え、答えられるように、メンバーのための質問を投げかけることが大切です。

　具体的な質問の方法として、深める質問（**垂直質問**）と、広げる質問（**水平質問**）があります。たとえば、メンバーから「最近、家族のことで悩んでいまして……」という話が出た場合、深める質問として「話せる範囲でもう少し教えてもらえますか？」、広げる質問として「家族のことだけでなく、ほかにも悩みがあるのですか？」などと投げかけることで、質問と応答のサイクルが生まれます。

　このように、メンバーが話して上司が聴くだけではなく、上司が質問してメンバーが考えて答えるという流れも1on1ミーティングの基本ですので、質問と応答のサイクルを意識してください。

▶ 質問と応答のサイクル

得られる効果
- ・相互理解と信頼
- ・課題や悩みの整理
- ・新たな気づき
- ・モチベーション向上

話す

聴く

メンバー

上司

答える　考える

質問する

▶ サイクルを回すための質問の種類

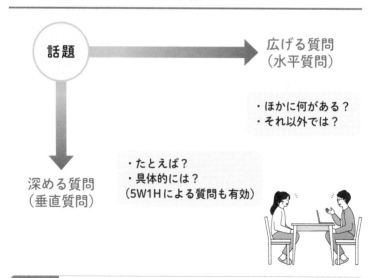

話題

広げる質問
（水平質問）

・ほかに何がある？
・それ以外では？

・たとえば？
・具体的には？
（5W1Hによる質問も有効）

深める質問
（垂直質問）

まとめ	□ 質問と応答は相互理解や課題整理、気づきにつながる □ 深める質問と広げる質問でサイクルを生み出す

メンバーの主体的な思考を促す

● WillとCanで主体的な思考を促す

メンバーが主体となって物事を考えることは、1on1ミーティングに限らず大切です。それでは、上司はどのような話題に焦点を当て、メンバーの主体的な思考を促せばよいのでしょうか。その際には、「**Will-Can-Must**」というキャリア支援などで広く使われている考え方が参考になります。

Willは「やりたいこと」、Canは「できること」、Mustは「やるべきこと」の意味です。この3つの要素を漏れなく、バランスよく考えられるようになると、仕事へのモチベーションや満足感が高まるといわれています。

企業においては主に、目標を達成するための業務遂行責任に重きが置かれるため、おのずとMust「やるべきこと」に焦点が当たります。しかしながら、メンバーが主役である1on1ミーティングにおいては、メンバーが将来どうなりたいかといったWill「やりたいこと」や、メンバーの能力やスキル、強みなどのCan「できること」に焦点を当てることが重要になります。

この2つの要素は、メンバーのなかに答えがある話題のため、主体的な思考を促しやすく、**考えていて楽しい**という特徴があります。また、メンバー自身がWillやCanを言葉にしていくことで、Will-Can-Must全体の整理にもつながります。

メンバーの主体的な思考を促したい場合には、「将来どんなことをしたいですか？」といったWillや、「これまででうまくこなせた仕事は？」といったCanに焦点を当てることを意識しましょう。

● Will-Can-Mustの質問の例

夢、理想、意思、ありたい姿
- ・将来どうなりたいですか？
- ・尊敬する人はいますか？
- ・時間とお金が十分にあったら
  何をしますか？

Will-Can-Must の
バランスがとれ、
その重なりを意識
することで仕事へ
のモチベーション
や満足感が高まる

Will
やりたいこと

Can
できること

Must
やるべきこと

能力、スキル、強み、資源
- ・得意なことは何ですか？
- ・どんな経験をしましたか？
- ・どんなことに生かせそうです
  か？

役割、責任、義務、比較
- ・リーダーだから頑張らないと
- ・現在の評価は○○です
- ・○○さんは目標を達成してい
  ます

●領域ごとの特徴

Will × Can × Must	➡ モチベーションや満足感が高く、やりがいも感じられる領域
Will × Can	➡ 満足感は高いが、仕事の成果が出るとは限らない領域
Can × Must	➡ 成果は出やすいが、次第にやりがいがほしくなる領域
Will × Must	➡ モチベーションは高いが、経験を積まないと成果が出ない領域

まとめ
- ☐ Will-Can-Mustのバランスがモチベーションに影響する
- ☐ WillとCanに焦点を当てて主体的な思考を促す

複雑な悩みや問題を整理する

● ロジックツリーで問題を分解して整理する

みなさんは「ロジックツリー」をご存知でしょうか。ロジックツリーは頭のなかで思っていることや考えていることを整理し、ツリー状に書き出して、視覚的に表現するための思考のツールです。アイデア出しや問題解決、自己分析などの場面で利用されています。

ロジックツリーを使うことで、**メンバーの思いや考えを整理**できます。「考えなければいけないことがいろいろあって困っています」などのように、メンバーのなかで問題が複雑に絡み合っている場合などに使うと有効です。

使い方はシンプルです。まず主題となるトピックを書き、そこからツリー状に枝分かれをさせて、段々と小さなトピックに分解して書いていくだけです。本来のロジックツリーでは、漏れなくダブりなく要素を分解していく必要がありますが、1on1ミーティングにおいてはそこまで厳密に行う必要はありません。**メンバーの頭のなかにあることを引き出すイメージ**で実施してみましょう。

トピックを分解すると、複雑だと感じていた問題が構造的に具体化・可視化され、全体像が把握できるようになります。メンバー自身がモヤモヤしている思いや考えなどを整理できます。そこからは、分解したトピックに優先順位を付けたり、小さなトピックの解決策を見つけたりすることで、新たな思いや考えが生まれるようになります。

ロジックツリーは紙とペンだけで手軽に書くことができるので、メンバーの話を聴きながら、思いや考えを分解して整理してみましょう。

◉ ロジックツリーで分解して整理する

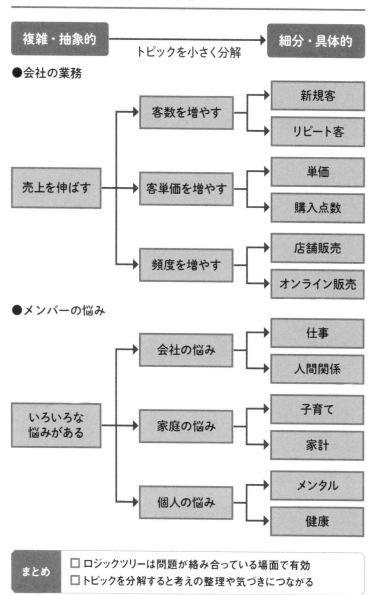

複雑・抽象的 ──── トピックを小さく分解 ──→ 細分・具体的

●会社の業務

売上を伸ばす
- 客数を増やす
  - 新規客
  - リピート客
- 客単価を増やす
  - 単価
  - 購入点数
- 頻度を増やす
  - 店舗販売
  - オンライン販売

●メンバーの悩み

いろいろな悩みがある
- 会社の悩み
  - 仕事
  - 人間関係
- 家庭の悩み
  - 子育て
  - 家計
- 個人の悩み
  - メンタル
  - 健康

まとめ	□ ロジックツリーは問題が絡み合っている場面で有効 □ トピックを分解すると考えの整理や気づきにつながる

前向きな思考に焦点を当てる

● ネガティブな思考を批判せずに焦点の当て方を変える

　問題や課題に対して建設的に考えるためには、**物事を前向きに捉え、ポジティブに思考する**ことが大切です。ポジティブに考えられるようになると、積極性が高まるとともに、失敗しても切り替えが早くなり、周囲にもよい影響を与えます。

　逆に、ネガティブに思考しやすい人の考え方には、次のような特徴があります。

・事実より、**思い込み**に焦点が当たる

・できる範囲より、**完璧**に焦点が当たる

・過去の自分より、**他人と比べた自分**に焦点が当たる

・未来の挑戦より、**過去の後悔**に焦点が当たる

・成功より、**失敗**に焦点が当たる

　ネガティブに思考しやすい人には考え方のクセのようなものがあり、上司から「もっとポジティブに考えましょう」と言われても、その人にとってはどうしたらよいのかわかりません。

　メンバーがポジティブに思考できるようにするためには、まずネガティブな思考を批判や評価をせずに受け入れ、少しずつ**焦点の当たる面をずらしていく**必要があります。その繰り返しにより、次第にメンバーの考え方のクセが変化し、少しずつポジティブな思考が増えていくようになります。まずは急速な変化ではなく、**上司の支援による着実な変化**を意識しましょう。

● 焦点の当て方を変える対話の例

● 「思い込み」から「事実」に焦点を移す

新人のBさんは、私にほとんど質問してこないので、私のことを嫌っていると思います

嫌われるような出来事が実際にあったのでしょうか？ もしないなら、もう少しBさんの様子をうかがってみませんか？

● 「完璧」から「できる範囲」に焦点を移す

来月からの業務ですが、私には絶対にできません。ほかの業務に変えてもらいたいのですが……

確かに新しい業務なので、完璧にできるものではないですよね。もし、できる範囲で進めるとしたら、どの程度できますか？

● 「他人との比較」から「過去の自分との比較」に焦点を移す

Mさんと比べると、私は本当に無能だと思います。Mさんなら1時間で終わる作業に3時間かかっています……

過去の自分と比べるとどうでしょうか？ 以前は半日かかっていた作業が、今では3時間でできていますよね？

まとめ

☐ ネガティブ思考はよくない面に焦点を当てる考え方のクセ
☐ 少しずつ焦点の当て方を変えて前向きな思考を増やす

曖昧な思いや感情に
気づいてもらう

● オートクラインによりメンバーの内省を促す

　みなさんも対話のなかで「ああ、自分はこんなことを考えていたのか」と、自分自身ではこれまで意識したことがなかった思いや感情に気づいた経験があるのではないでしょうか。これは「**オートクライン**」と呼ばれる作用で、自分が話している内容を自分で聴くことで、**内面にある思いや感情に気づく**というものです。

　オートクラインでは内省により、自分のなかのまとまっていない無意識的な思いや感情に触れることができます。そのため、オートクラインで気づいたことには**強い納得感**があり、その後のメンバーの行動の変化や成長につながる可能性があります。

　1on1ミーティングのなかでオートクラインを促すには、「**理解の確認**」が有効です。理解の確認とは、自分が理解したことを相手に確かめることです。「私はこのように理解しましたが、いかがですか？」といったニュアンスで伝え返すことが大切です。

　ここでは、オートクラインを促すために有効な、具体的な場面を2つ紹介します。

　1つは、メンバーの強い思いや感情の込められた言葉が出てきたときに、その強い思いや感情に対して理解の確認を行います。もう1つは、メンバーの話が一段落したタイミングで「話してみて気がついたことはありますか？」と問いかけ、振り返って考えた内容に対して端的に理解の確認を行います。いずれの場面でも、オートクラインによって内省を促すことができます。

● オートクラインで内省を促す例

●強い思いや感情に理解の確認を行う

……そんな出来事があったので、Aさんとはその後、一言も話をしていません

そうですか。Aさんとはその後、一言も話をしていないということですね（理解の確認）

ええ、そうですね。どうもAさんを見ると、腹が立ってきて、文句を言いたくなってしまうんです

なるほど。腹が立って文句が言いたくなってしまうと……（理解の確認）

そうか、気づきませんでしたけど、私はAさんに文句が言えなくて怒っていたんです（気づき）

●振り返りの内容に対して理解の確認を行う

……など、昔から創造することが好きなので、いつか新しいサービスに関わりたいと思っています

そうですか、わかりました。ここまで話して何か気づいたことはありますか？（振り返り）

今思ったのですが、新しいサービスに関わるなかでも、私が一から企画をしたいんだなと思いました

つまり、創造力を生かして一からサービスの企画を考えたいという思いがあるのですね（理解の確認）

漠然としていましたが、自分の創造力を生かして新しいサービスを企画したかったんです（気づき）

まとめ	□ 自分が話を自分で聞くことで内面の思いや感情に気づく □ オートクラインは理解の確認で促すことができる

メンバーの自己効力感を高める

● 自己効力感を高める4つの要素を意識した対話

大きな問題を解決したり、高い目標を達成したりしていくためには、1on1ミーティングでメンバーの「**自己効力感**」を高めておくことが大切です。自己効力感とは、何らかの困難に直面したときに、**それを乗り越えるための力が自分に備わっている**と感じられる感覚のことで、「自信」と言い換えてもよいでしょう。

自己効力感が高いと、「自分にはできる」「きっと大丈夫」と感じることができるため、積極的に挑戦したり、あきらめずに問題を解決しようとしたりすることができます。逆に自己効力感が低いと、「どうせ無理だ」「ダメに決まっている」と感じてしまい、何事にも消極的になってしまうのです。

自己効力感は次の4つの要素によって高まるといわれています。

❶達成体験：自分が何かを達成したり成功したりした過去の体験
❷代理体験：身近な人が何かを達成したり成功したりした姿の観察
❸言語的説得：自分に能力があると褒められたり認められる経験
❹生理的情緒的喚起：心身の状態や気分の高揚

上司は日々の業務だけではなく、1on1ミーティングのなかで、**これらの要素を意識してコミュニケーションを行う**ことで、メンバーの自己効力感を高めていくことができます。そのため、自己効力感が低く、消極的なメンバーがいる場合や、チーム全体で高い目標を達成しなければならない場合などに、積極的に自己効力感を高めるようにしていくとよいでしょう。

● 自己効力感を高めるコミュニケーション

❶達成体験	目標を達成できた過去の体験を思い出し、その達成要因を振り返ってもらう。また、小さな達成の積み重ねが大きな達成につながることを意識してもらう。	例： 「自分なりに最後までやり遂げた経験を教えてください」 「どんな考え方や行動があってやり遂げられたのですか？」
❷代理体験	メンバーの身近にいる目標達成をした人を見つけてロールモデルにする。その人が目標を達成できた要因やプロセスを観察して取り入れてもらう。	例： 「その人はどんな考え方や行動により達成できたのですか？」 「考え方や行動で取り入れる必要があるのはどれですか？」
❸言語的説得	上司がメンバーの考え方や行動、能力やスキルを認め、褒め、目標達成に向けてその力が有効であることを説明する。	例： 「あなたならきっとやり遂げられます！ 大丈夫です」 「あなたの能力は目標達成のためにとても大切なものです」
❹生理的情緒的喚起	心身や環境の状態から、やり遂げられる状態であることを意識させる。	例： 「体調は大丈夫ですか？ 私も労働時間などに注意しますね」 「ほかのチームもあなたのプロジェクトを応援していますよ」

自己効力感の向上

- ・積極的に挑戦し、あきらめずにやり遂げることができる
- ・問題や課題と向き合い、解決していくことができる
- ・向上心が高まり、日々のモチベーションが上がる
- ・未来に対してポジティブになれる

まとめ	☐ 自己効力感とは「自分にはできる」と思える感覚 ☐ 4つの要素を意識してメンバーの自己効力感を高める

価値観を明確化して尊重する

● メンバーの価値観を把握し、それを尊重する

　価値観とは、**その人が何に価値を感じるかを決める判断基準**であり、人それぞれの考え方や感じ方のことです。たとえば、「これからマラソンを始めたい」という人のなかには、「走ることそのものが楽しい」と感じる人もいれば、「足腰が鍛えられて健康によい」と考える人もいるでしょう。また、「マラソン大会で優勝して有名になりたい」と考える人もいるかもしれません。マラソンという同じ手段を選んでいても、それぞれの価値観によって求めているものが異なるというのはよくあることです。

　仕事においても、その人の価値観に合う取り組みであれば、モチベーションが高まったり満足感を得られたりしますが、価値観に合わないと、退屈に感じたり取り組みの意味を感じられなかったりします。また、自分の価値観を他人にないがしろにされると、怒りや悲しみの感情につながっていきます。たとえば、「マラソンなんて退屈だし時間の無駄だよね」などと言われたら、マラソンを好きな人がよい感情を抱くことはないでしょう。そのため、**相手の価値観を知り、それを尊重することは、コミュニケーションの基本**ともいえます。

　価値観は容易に変化するものではありませんが、自分の価値観を明確に把握できている人は意外と多くありません。そのため、メンバーの価値観を知り、それを尊重していくことが大切です。間違っても上司の価値観をメンバーに押し付けてはいけません。1on1ミーティングのなかでも、メンバーの価値観を把握し、それを日々の仕事に紐づけていくことで、モチベーションも高まっていくでしょう。

● 価値観を明確化するステップ

●価値観を言葉で表現してもらう

方法1: 過去の経験から価値観を探る	方法2: 尊敬する人から価値観を探る
メンバーの学生時代や、これまでの社会人人生のなかで、特に充実感のあったときや、時間を忘れて取り組んだことを思い起こしてもらい、その取り組みのどんな点に充実感ややる気を感じたのかを言葉で表現してもらう。学校や職場だけではなく、個人の趣味などでもよい。	メンバーの尊敬する人やあこがれる人を3～5人ほど思い起こしてもらい、その人物のどんな点に尊敬やあこがれを感じるかを言葉で表現してもらう。家族や友人、知人だけではなく、著名人や歴史上の人物、架空のキャラクターなどでもよい。
例: 「その取り組みのどんな点に最も充実感を覚えましたか?」 → 大学の学園祭実行委員 「自分の創造性が形になった」 → 新規顧客からの大型案件受注 「誠実な関係づくりが実った」	例: 「その人のどんな点に尊敬やあこがれを感じますか?」 → 自分の母親(家族) 「純粋で正直」 → 徳川家康(歴史上の人物) 「強い信念をもっている」

●キーワードを列挙する

メンバーが価値を感じている(あるいはそれに近い)キーワードを挙げてもらう。

例: 「創造」「誠実」「純粋」「信念」

●キーワードの順位付けや統合的なキーワードの推測を行う

キーワードに優先順位を付けてもらい、特に大事にしたいものを選んでもらったり、それらに共通する統合的なキーワードを見つけたりすることで、メンバーが特に大切にしている価値観を把握できる。

例:
「キーワードのなかで特に大事にしたい言葉はどれですか?」
「つまり自分はどんなことに価値を感じていると思いますか?」

まとめ	☐ 価値観とはその人が何に価値を感じるかの判断基準 ☐ メンバーの価値観を尊重するとモチベーションが高まる

感じたことを自由に話す

　社会生活のなかで、自分が感じたことを感じたまま、自由に言葉にすることは簡単ではありません。上司や取引先に対して、「その仕事はやりたくありません」などと言ってしまうと、その後の関係が悪化し、社内での立場が悪くなるだけではなく、評価が下がったり報酬に影響したりしてしまうこともあります。

　高度にシステム化された現代社会では、自分の思いや感情に沿うことより、与えられた役割を全うすることが優先される場合があります。ありのままの自分で役割を果たせる人もいれば、本来と違う自分を演じながら、役割を果たそうとする人もいます。

　本来と違う自分を演じることは、ときとして成長につながることもあります。しかし、その期間が長く続くと、次第に本来の自分を見失い、「自分が何を感じているのか」「何をしたくて何をしたくないのか」といったことがわからなくなってしまう可能性があります。それは、「自分にとっての正解」よりも「社会にとっての正解」を優先した状態であり、主観的・直感的な判断ができず、一般論や他人の声に縛られ、理由のわからない焦りや息苦しさ、居心地の悪さへとつながっていきます。

　このような時代だからこそ、心から信頼できる相手が必要です。どんな話をしても温かく受け止め、批判や評価をせずに、よい未来を信じて背中を押してくれる相手が必要なのです。
あなたがあなたであることを認めてくれる相手がいることで、ありのままの自分を取り戻し、勇気をもって「自分にとっての正解」を見つけ出すことができるようになるのではないでしょうか。

（寺内 健朗）

THE BEGINNER'S GUIDE TO ONE-ON-ONE MEETING

Part

5

主体的に解決に取り組む

「行動」の活発化

解決すべき問題と課題を
明確にする

▶ 目標と現状のギャップから問題と課題を特定する

　建設的な思考を実際の行動に移していく段階は、1on1ミーティングのなかで最も重要です。メンバーが自分の考えを行動に移すことで、目標達成に向けて前進している実感がわき、日々のモチベーションも高まります。ただし、見境なく闇雲に行動すると、同じ場所を回っているような感覚に陥り、モチベーションが低下しやすくなります。そのため、まずは**目標達成に向けた的確な行動を見つけ出す**ことが大切です。

　上司は、メンバーが目標達成に向けた的確な行動を見つけ出せるように、目標と現状を整理することに加え、解決すべき問題と課題を明確化する手助けをしましょう。ここでの**問題とは目標と現状のギャップ**であり、その**ギャップを埋めるために行うべきことが課題**です。また、その課題を踏まえた取り組みが、的確な行動といえます。

　右ページでは具体的な事例として、展示会の集客における目標、現状、問題、課題を示しています。この事例の問題と課題を踏まえ、「これまで行ってきたメルマガの構成を改善して購読率を上げる」や「新たな集客方法としてSNS広告が使えないかを検討する」などが的確な行動として考えられるでしょう。

　より主体的な行動を促すためのポイントとしては、**メンバーの価値観やありたい姿を意識した目標を設定する**ことが大切です。それにより積極性が高まり、主体的な行動につながっていくでしょう。次節より、この考え方を発展させた「GROWモデル」について解説していきます。

◯ 目標、現状、問題、課題の関係

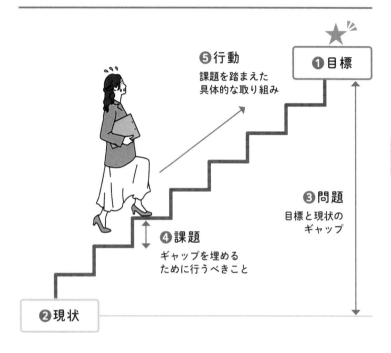

❺**行動**
課題を踏まえた
具体的な取り組み

❶**目標**

❸**問題**
目標と現状の
ギャップ

❹**課題**
ギャップを埋める
ために行うべきこと

❷**現状**

具体的な事例：展示会の集客目標

❶目標：今後の展示会では100人の顧客を集めたい
❷現状：直近の展示会では50人の顧客が集まった
❸問題：目標に対して半分の集客状況にとどまっている
❹課題：集客方法の効率化と新たな集客方法の検討が必要
❺行動：メルマガの構成を改善、SNS広告の検討など

まとめ	☐ 目標と現状のギャップから解決すべき問題と課題を明確化
	☐ 問題と課題が明確になると的確な行動が見えてくる

行動に向けて全体像を整理する

● GROWモデルで目標への道筋を具体的に描く

　メンバーの主体的な行動を促すための考え方として、「**GROW モデル**」があります。GROWとは、目標（Goal）、現状（Reality）、資源（Resource）、選択肢（Options）、意志（Will）の頭文字をとったもので、コーチングの基本としても用いられています。1on1 ミーティングにおいても**主体的な行動を促すためのプロセス**として使うことができます。

　使い方は、次の順番に沿って各要素を整理してから、メンバーが達成したい目標への道筋を具体的に描いていくものです。

❶目標：達成したい目標や、ありたい姿を明確にする

❷現状：現在の状況や環境を整理して目標とのギャップを把握する

❸資源：能力や経験などメンバーの強みやリソースを棚卸しする

❹選択肢：資源を活用してギャップを埋める選択肢を洗い出す

❺意志：目標への意志や意欲を確認して具体的な行動を考える

　注意点として、「田中さんの目標は○○ですよね。だから□□の選択肢がありますね」などのように、上司がメンバーに考えを提示するのではなく、1on1 ミーティングの基本である質問と応答のサイクルにより、**メンバー自身が各要素を言葉にしていく**ことが大切です。それにより、目標への道筋と自分の可能性に気づき、「これならできそう」「やってみたい」という主体的な行動が生まれます。

　GROW モデルの5つの要素について、それぞれ次節よりさらに理解を深めていきましょう。

● GROWモデルのイメージ

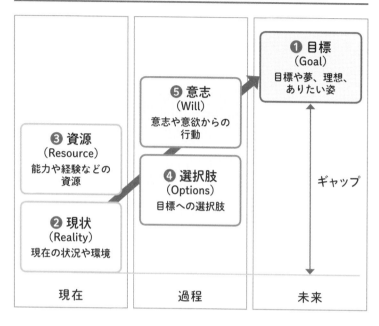

各要素を引き出す質問の例

❶目標　：「一番達成したいことは？」「3年後どうありたい？」
❷現状　：「目標達成を100%とすると今は何%の状況？」
❸資源　：「目標に向けて役立つ経験は？」「どんな強みが生かせる？」
❹選択肢：「目標達成のためにどんな行動が必要？　ほかには？」
❺意志　：「一番行動しやすいのはどれ？　いつから始める？」

まとめ
□ GROWモデルで目標、現状、資源、選択肢、意志を整理
□ メンバーの可能性を気づかせて「やってみたい」を支援

やりがいを感じる目標を設定する
～GROW①Goal～

● SMARTの法則でメンバーの目標をブラッシュアップ

　みなさんは何か目標をもっていますか。目標があると、計画が順調に進んでいるのか遅れているのか、道筋が合っているのか間違っているのかなどを把握できます。社会人にとっては、売上高や顧客獲得数などといった仕事の目標もあれば、プライベートで貯金やダイエットをする目標もあるでしょう。

　メンバーが主役である1on1ミーティングにおいては、仕事やプライベートを問わず、**メンバーが達成したいと思う目標を支援する**ことが大切です。上司が達成させたい目標ではないので、注意してください。目標設定において重要なことは、**メンバーがやりがいを感じてワクワクする目標**を設定することです。やりがいを感じない目標では、モチベーションが高まらず、主体性も生まれません。

　このような目標設定の場面では「**SMARTの法則**」を使うと有効です。SMARTとは、やりがいを感じる目標を設定するうえで重要な5つの要素の頭文字をとったものです。これらを意識することで、目標が具体的で現実的になり、やりがいのあるものとなります。

　5つの要素のうち、特に重要なのは「**上位目標に関連した（Relevant）**」の要素です。ここでは、組織全体の目標に加え、メンバーのありたい姿や価値観に関連させながら目標をブラッシュアップしていくことで、やりがいのある目標に近づいていきます。

　目標設定で注意したいのは、メンバーとの信頼関係です。信頼関係がないと、やらされ感のある形骸化した目標になることもあるので、しっかりと信頼関係を築いてから進めていきましょう。

● やりがいを感じる目標設定の例

●メンバーが達成したいと思う目標を引き出す

今、一番達成したいことは何ですか？（質問例）

社内で担当しているアウトドア用品をもっと世に広めたいです

●SMARTの法則でブラッシュアップさせる

具体的な （Specific）	質問例：「もう少し具体的にするとどうなりますか？」 回答例：「メインターゲットの男性層だけではなく、女性層やファミリー層など、より多くの人に使ってもらいたいです」
計測可能な （Measurable）	質問例：「目標を数値で表すとしたらどうなりますか？」 回答例：「まずは累計1万セットを販売したいです」
達成可能な （Achievable）	質問例：「達成可能な目標ですか？ その理由は？」 回答例：「できると思います。昨年は8,000セットを販売しており、女性層にも伸びしろがあるからです」
上位目標に 関連した （Relevant）	質問例：「目標にワクワクしますか？ もしそうなら、あなたにとってどんな意味があるからですか？」 回答例：「ワクワクします。将来は自分でアウトドア用品を企画し、販売したいと思っているからです」
期限がある （Time-bound）	質問例：「目標の期限はいつまでにしますか？」 回答例：「1年後を期限にします」

まとめ	☐ SMARTの法則により、適切でやりがいのある目標を設定 ☐ メンバーのありたい姿や価値観に関連させるとやる気が出る

視野を広げて現状を把握する
～GROW②Reality～

● 現状把握のSWOT分析を使い、4つの視点で整理する

　みなさんが仮に東京スカイツリーに行きたいと考えた場合、どんな手段で移動し、どれほどの時間がかかるでしょうか。飛行機で長時間移動しなければならない人もいれば、自転車で気軽に行ける人もいるかもしれません。目的地への道筋を描くには、現在地を把握する必要があるように、目標への道筋を描くには、**正しく現状を把握する**必要があります。

　現状を把握するための分析手法はさまざまありますが、ここでは1on1ミーティングに取り入れやすい「**SWOT分析**」を紹介します。

　SWOT分析は、ビジネスシーンでの現状把握や、就職活動での自己分析などで広く使われている分析手法です。内部環境と外部環境、プラス要因とマイナス要因の2軸で考え、強み（Strength）、弱み（Weakness）、機会（Opportunity）、脅威（Threat）の4つの視点から現状を捉えて整理していくものです。

　1on1ミーティングでは、それぞれの視点について**上司から質問をしながらメンバーとともに考え、整理していく**ことができるため、手軽に現状を分析できます。

　右ページの具体的な事例では、アウトドア用品の担当者をテーマにしたSWOT分析を行っています。分析結果から、目標達成に向けた方向性として「新規女性ユーザー獲得のために、デザイン性の高いキャンプ用品を開発し、ファンを中心に情報発信をしてもらう」といった新しいアイデアも考えることができるでしょう。

● SWOT分析の具体的な事例

●目標設定

目標　：担当してるアウトドア用品を年間で1万セット販売したい
見込み：昨年同様の販売推移のため、8,000セットの販売が見込まれている

●SWOT分析による現状分析

	プラス要因	マイナス要因
内部環境	**強み** (Strength) 生かしていきたい強み ・デザイン性の高い自社の商品力 ・発信力のあるファンが一定数いる ・担当者自身がアウトドアが大好き	**弱み** (Weakness) 向き合う必要のある弱み ・他社製品より価格が高い ・女性ユーザーの比率がまだまだ低い
外部環境	**機会** (Opportunity) 現在や将来のチャンス ・キャンプブームで需要が急増 ・若年層がキャンプに高い関心がある	**脅威** (Threat) 避ける必要のあるリスク ・100円ショップがアウトドア用品を販売 ・ゴルフ、マリンスポーツの需要が減少

新たなアイデア

新規女性ユーザー獲得のために、デザイン性の高いキャンプ用品を開発し、ファンを中心に情報発信をしてもらう

まとめ
☐ 強み、弱み、機会、脅威の4つの視点から現状を整理
☐ 広く現状を把握すると目標達成への道筋が見えてくる

メンバーのリソース（資源）を
棚卸しする ～GROW③Resource～

● 3つの観点からメンバーのリソースを引き出す

　「リソース（資源）」とは、**目標達成に役立つ要素**のことを指しています。多ければ多いほど選択肢の幅が広がることから、上司はメンバーのもつリソースを広く引き出していくことが大切です。

　会社のリソースを考えるうえでは、経営資源となる「人、モノ、金、情報」という観点がありますが、ここではメンバー個人のリソースを引き出すために、**個人の力、公式の力、関係性の力**という３つの観点を使って棚卸しをします。この３つの力は、スタンフォード大学のジェフリー・フェファー氏によって定義された、人や組織を動かすために必要となる力のことです。この３つの観点から質問をしていくことで、メンバーは自分がもつリソースに気づくことができます。

　右ページの質問の事例などを参考にしてリソースの棚卸しをするとともに、**「ほかには？」と広げる質問**をしていくことも有効です。たとえば、上司が「目標達成を手伝ってくれる人は誰ですか？」と質問すると、メンバーは「チームの田中さんと山田さんが手伝ってくれます」などと思いつくことを答えます。そこで「ほかには？」と続けて質問することにより、「ええっと……、知人のエンジニアがこの取り組みに興味をもってくれていたので、手伝ってくれるかもしれません」などと、メンバー自身もまだ認識していなかった視点が生まれ、新たなリソースに気づくことができます。

　リソース（資源）をしっかりと棚卸しすることで、新たな選択肢が生まれ、目標達成がしやすくなるのです。

● 人や組織を動かすための3つの力

個人の力

能力や経験、技術、専門性などの本人に紐づく力

例：

「目標達成へどんな能力や技術が生かせそうですか？」

「自分の性格で目標達成にポジティブに働くのはどんな側面ですか？」

「これまでにうまくいった場面では、どんな能力や技術を活用しましたか？」

公式の力

権力や権限、評価、報酬などの制度による力

例：

「目標達成に役立ちそうな社内の制度は何ですか？」

「あなたにどんな権限があれば目標達成がしやすそうですか？」

「自分が社長なら、どんな権限や制度を使って目標を達成しますか？」

関係性の力

人脈や派閥などの他者との関係性から得られる力

例：

「目標達成を手伝ってくれるとしたら誰がいますか？」

「応援してくれる人がいるとしたら誰ですか？」

「協力者が全員、手伝ってくれるとしたらどんなことができますか？」

まとめ

☐ 個人の力、公式の力、関係性の力の観点でリソースを棚卸し

☐ 「ほかには？」の質問で新たなリソースに気づかせる

効果的で実現性のある
選択肢を選ぶ ～GROW④Options～

● 洗い出しと絞り込みで有効な選択肢を見つけ出す

　目標と現状のギャップを埋めていくための行動を決めるには、そもそも**どんな行動の選択肢があるか**を考えておく必要があります。目標達成に向けた的確な行動を選択するために、ここでは「**洗い出し**」と「**絞り込み**」のステップにより、より有効な選択肢を見つけ出していく方法を紹介します。

　洗い出しとは、**自由な発想でアイデアを幅広く出す**ステップです。思いつく限り多くの選択肢を出していきます。上司は、「目標達成にはどんな行動が必要ですか？」といった基本的な質問から始め、「ほかには？」の質問を使って幅広くたくさんの選択肢を洗い出していきます。また、P.102のリソース（資源）の棚卸しができていれば、引き出せる選択肢も広がっていきます。

　絞り込みとは、洗い出した選択肢のなかから、**重要度や実現性などの基準により取捨選択**を行い、行動に向けて結論を出していくステップです。上司は、「目標達成に一番効果的だと思う選択肢はどれですか？」といった質問をしながら、有効な選択肢を絞り込みます。不安感から選択肢を絞り込めないメンバーには、「これなら行動できそうと思えるものはどれですか？」とハードルを下げて問いかけることも効果的です。

　この洗い出しと絞り込みのステップにより、幅広く選択肢を出し、そのなかから有効な選択肢を絞り込むことができます。そして、メンバーにも納得感や自信が生まれ、目標達成に向けての主体的な行動によい影響を与えるでしょう。

● 選択肢の洗い出しと絞り込みのステップ

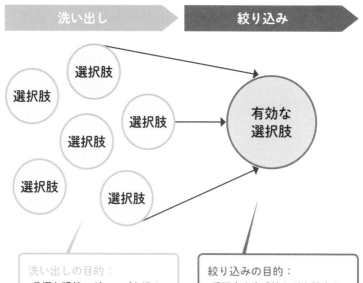

洗い出し

絞り込み

選択肢
選択肢
選択肢
選択肢
選択肢
選択肢
選択肢

有効な
選択肢

洗い出しの目的:
目標と現状のギャップを埋めるための行動の選択肢を幅広くたくさん考える。

洗い出す基準:
・質より量
・自由な発想
・ワクワク感
・リソース（資源）の活用

質問の例:
「目標達成にはどんな行動が必要ですか？ ほかには？」
「同僚全員が手伝ってくれるとしたら何ができますか？」

絞り込みの目的:
重要度や実現性などを踏まえ、目標達成に有効な行動の選択肢を絞り込んで結論を出す。

絞り込む基準:
・重要度
・インパクト
・実現性
・比較検討

質問の例:
「目標達成に一番効果的な選択肢はどれですか？」
「何でもこなせる理想の自分ならどこから始めますか？」

まとめ	□ 目標達成への選択肢を洗い出し、絞り込むことが有効 □ 自信がないメンバーにはハードルの低い選択肢でもOK

意志を確かめて行動に移す
～GROW⑤Will～

● 実行の伴走者になって心理的な壁を乗り越える

1on1ミーティングにおいて、メンバーが「これはよい考えなので実行していきたいと思います」と言ったまま、その後、いっこうに行動に移してくれないことはよくある話です。それはメンバーが嘘をついているわけではなく、頭のなかで考えたことと、それを実行することの間に**心理的な壁がある**ためです。

上司はその壁を取り除くために、メンバーの伴走者となって意志の確認を行い、行動計画を具体化して、実行の後押しをしていく必要があります。

行動を促す伴走のステップには、次の4段階があります。

❶**意志の確認**：本当に実行する意志があるかどうかを確認

❷**行動計画の具体化**：実行のイメージを描くために計画を具体化

❸**実行の後押し**：不安を取り除き、「やってみよう」を後押し

❹**実行の承認**：実行できたことをともに喜び、次へつなぐ

上司は「まずはこれを実行してください」と指示・命令するのではなく、メンバーから「いつまでにこれを実行します！」などと主体的に考えてもらい、それを行動に移してもらうことが大切です。

各ステップがうまくいかない場合でも、上司は批判や評価をせずに、**そのまま受け止めます**。そして、「実行を妨げているものは何ですか？」などと質問して、**メンバーとともに壁に向き合っていく**のです。そうすることで、心理的安全性（P.52参照）も高まり、不安を恐れずに「やってみよう」という気持ちが生まれていきます。

● 実行に向けた伴走のステップ

> 目標達成に向けた選択肢が絞り込まれた状態

❶意志の確認
「これは目標達成に本当に必要なことですか？」
「実行すると決めましたか？」

意志が明確　　　意志に懸念

「前向きな気持ちを妨げているものは何ですか？」

❷行動計画の具体化
「いつから始めますか？」「誰と進めますか？」
「どのように進めますか？」「どれくらい進めますか？」

計画が具体的　　　計画が曖昧

「計画の具体化を妨げているものは何ですか？」

❸実行の後押し
「あなたならきっとできます！一緒に頑張ってみましょう」
「実行したら声をかけてください。楽しみにしています！」

実行した　　　実行しなかった

「実行を妨げているものは何ですか？」

❹実行の承認（次の行動へ）
「やりましたね！
目標達成に向けてしっかりと前進しています！」

まとめ
□ 実行への意志の確認、計画の具体化、実行の後押しを行う
□ うまくいかなくても批判や評価をせずに受け止める

「行動→振り返り→気づき→試す」の サイクルを回す

● 経験学習のサイクルを回して気づきや学びを得る

　目標を達成するための行動は、実行したらそれで終わりではなく、**その経験から得られたことを振り返る**と、メンバーの成長に大きく影響を与えることがわかってきています。米ロミンガー社の調査では、人が成長するうえでの影響の度合いは、仕事上の経験が70％、薫陶（助言や指導）が20％、研修が10％という結果も出ており、人は**仕事上の経験に大きく影響を受けて成長していく**ことがわかります。

　また、組織行動学者であるデービッド・コルブ氏が提唱した「経験学習サイクル」という考え方では、「経験→内省→概念化→実践」のサイクルにより人は経験からものごとを学ぶとされています。

❶経験：何らかの行動をして具体的な経験をする
❷内省：得られた経験をさまざまな観点から振り返って考える
❸概念化：気づきや学びから得られた教訓を明らかにする
❹実践：教訓を生かしてこれまでのやり方を修正する

　1on1ミーティングに取り入れるうえでは、目標達成に向けた行動から得た経験を振り返ってもらい、上司は**メンバー自身が気づきや学びを見つけるよう支援する**ことが大切です。なかでもメンバーの振り返りと気づきは、今後の行動を改善していくために必要な教訓が得られる重要な部分です。

　この経験学習のサイクルを何度も回していくことで、メンバーの学びが最大化され、成長を支援できるでしょう。

● 経験学習のサイクル

❶ 経験
行動して経験する

目標達成の意欲的な行動により、具体的な経験を蓄積していく。

例：
「今回の取り組みではどんな経験をしましたか？」
「最も印象に残っているのはどんな経験ですか？」

❷ 内省
経験を振り返る

結果の成功や失敗にかかわらず、得られた経験をさまざまな観点で振り返って考える。

例：
「この取り組みを自己採点するなら何点ですか？」
「うまくいったことは何ですか？」

❹ 実践
これまでのやり方を修正する

得られた教訓を実験的に試しながら、これまでのやり方を改善していく。

例：
「学んだことはどんな場面で生かせますか？」
「明日から何を変えていきますか？」

❸ 概念化
気づきや学びを得る

気づいたことや学んだことを整理し、ここで得られた教訓を明らかにする。

例：
「取り組みで気づいたことや学んだことは何ですか？」
「また同じような場面になったら何を意識しますか？」

Part
5
主体的に解決に取り組む「行動」の活発化

まとめ
□ 経験学習サイクルを回してメンバーの成長を促進させる
□ 経験から気づきや学びが得られるように質問や傾聴で支援

ポジティブな未来を信じる力

　人はそれぞれ、独自の力（パワー）をもっています。性格から生じる力、経験から生じる力、環境から生じる力など、さまざまな力がありますが、なかでも特に人生に大きな影響を与える力が「未来を信じる力」です。夢や理想、ありたい姿を描く力と似ていますが、意味合いは少々異なります。

　未来を信じる力は、個人の意志や行動と無関係に、必ず訪れるポジティブな未来の世界を、当たり前のようにイメージできる力です。自己肯定感の高さと似ていますが、それより無意識的で、心の深いところから生じている力のように思います。

　未来を信じる力が強いと、多少の困難に直面しても「いろいろと大変だけど、何とかなるはずだからやってみよう」と楽観的に捉え、前向きに行動ができます。それだけではなく、多くの人が「自分に協力してくれる」と信じているため、人間関係を積極的に広げ、その関係性を自分の力として存分に発揮していくことができます。

　このような考え方は、ときに大きな失敗を招くこともあります。しかし、それを上回るほど新しいことに挑戦し、未来を切り拓いていけるため、結果的に良き未来への一歩となっているのです。

　未来を信じる力は、「きっと何とかなる」と言葉にするだけでも効果があります。困難に直面してどうしようもないと感じている人（あるいは自分）がいたら、「あなたなら大丈夫！ きっと何とかなるよ」と、未来を信じる言葉をかけてあげてください。

（寺内 健朗）

Part

6

レベルアップ！

効果が表れる
1on1ミーティングの
実践

1on1ミーティングでの
テーマ設定の具体例

● テーマが出ない場合は上司から促す

1on1ミーティングで扱うテーマは、基本的に**メンバーが話したいことを話す**ということ以外、明確な決まりがありません。そのため、上司から「今日のテーマは何にしますか？」と尋ね、メンバーにテーマを設定してもらうのがよいでしょう。ただし、メンバーからテーマが出てこない場合もあります。そのような場合には、上司から「それでは今日はこのテーマで話してみませんか？」とテーマを促してみましょう。

1on1ミーティングのテーマはさまざまありますが、14節で紹介した空間軸（組織レベル、個人レベル、業務レベル）と時間軸（過去、現在、未来）の2軸を使うと、テーマが考えやすくなります。メンバーの状況を踏まえながら、投げかけるテーマを考えてみましょう。

組織×現在：「会社の人間関係で気になることはありますか？」

個人×過去：「何をしているときに心から楽しいと感じましたか？」

個人×現在：「自分の最大の強みは何だと思いますか？」

個人×未来：「10年後はどんな自分でありたいですか？」

業務×過去：「これまで最も成功したと感じた仕事は何ですか？」

業務×未来：「仕事を通して何を成し遂げたいと思いますか？」

毎回、上司がテーマを設定するようになると、メンバーの主体性が失われてしまう可能性がありますので、**あくまでもメンバーの話したいことを話す場である**ことを忘れないようにしてください。

● 空間軸と時間軸によるテーマ設定の例

空間軸		過去	現在	未来
	組織レベル	・理念 ・成り立ち ・企業文化 ・組織制度	・人間関係 （同僚や部下など） ・役割 ・責任	・会社の方針 ・事業戦略 ・将来ビジョン
	個人レベル	・経験や実績 （学業など） ・性格や考え方 ・価値観や信念 ・思い出	・日常の雑談 ・人間関係 （家族や友人など） ・体調 ・メンタル	・夢や理想 ・ありたい姿 ・成長 ・自己実現 ・生き方
	業務レベル	・経験や実績 （業務など） ・成功体験 ・失敗体験 ・振り返り	・業務状況 ・問題や課題 ・知識や技術 ・ストレス ・モチベーション	・目標達成 ・問題解決 ・業務改善 ・キャリア設計

時間軸

●メンバーからテーマが出ない場合に確認しておきたいポイント

□ 上司との信頼関係ができておらず話しにくいと感じていないか
　　→関係性の構築を意識したコミュニケーションを行っていく
□ 1on1ミーティングそのものに疑念を抱いていないか
　　→この疑念をテーマとして捉え、傾聴の姿勢で話を聴く
□ 仕事が忙しくて1on1ミーティングを負担に感じていないか
　　→忙しい時期は実施の時間や頻度を減らして負担を軽減する

まとめ	□ メンバーからテーマが出ない場合は上司から投げかける □ あくまでメンバーの話したいことを話す場であることを意識

傾聴の効果と実践のポイント

●「受容」「共感」「自己一致」の態度で傾聴を実践する

「**傾聴**」はこれまで、カウンセリングや心理学の分野で広く使われてきた手法ですが、近年は1on1ミーティングの広がりとともに、ビジネスシーンでもよく使われるようになってきました。

傾聴は「とりあえず黙ってメンバーの話を聴く」という曖昧なものではなく、それを実践するうえでの明確なポイントがあります。米国の心理学者であるカール・ロジャーズ氏は、傾聴の基本的な態度として「**受容**」「**共感**」「**自己一致**」の3つを挙げています。

受容とは、メンバーの話す思いや考え、感情に対し、評価や批判をせずに受け入れ、尊重することです。共感とは、上司がメンバーの立場になり、その気持ちをともに感じながら理解しようとすることです。自己一致とは、1on1ミーティングのなかで、上司自身の思いや考え、感情に気づき、それを否定せずに受け入れることです。

これらの3つのポイントを押さえて実践することで、次第に傾聴力が高まり、効果を感じられるようになっていきます。

1on1ミーティングにおける傾聴の最大の目的は、**メンバーとの関係性を築く**ことです。傾聴により関係性が深まり、メンバーが本音で話せるようになるとともに、内省による新たな気づきや、メンバーへの理解にもつながっていきます。

傾聴の前提には、**メンバーの成長を信じる気持ち**と、メンバー自身が問題と向き合い、自分で解決していくという、**主体性を尊重する気持ちが不可欠**ですので、その点も意識してみてください。

● 傾聴の効果とポイントの概要

傾聴の効果
・メンバーと上司の関係性を構築できる
・メンバーの本音を引き出せる
・メンバーの内省を促し、気づきを与えられる
・メンバーをより深く理解できる

●傾聴を実践するための3つのポイント

批判や評価をしない

受容

メンバーが話す思いや考え、感情に対し、評価や批判をせずに肯定的に受け入れ、関心をもって聴くこと。
「失敗に落ち込んでいても前に進みませんよ」「この話の結論は何ですか？」といった態度は受容とはいえない。

相手の立場で理解する

共感

メンバーの立場になり、話し方や表情なども踏まえながら、本当に伝えたいことは何なのかをともに感じて理解しようとすること。「その場面でどんな気持ちになったのですか？」など、感情を確認すると共感しやすくなる。

自分自身に気づく

自己一致

上司のなかからわき上がる思いや考え、感情に気づき、自分を否定したり、上辺の態度をとったりせず、ありのままに受け入れること。「上司なのだからもっと権威を感じさせないと」といった考えではなく、1人の人間としての純粋で誠実な態度。

まとめ

□ 傾聴の実践には「受容」「共感」「自己一致」を押さえる
□ メンバーの成長を信じて主体性を尊重することが前提

メンバーに深く考えてもらう
質問の方法

● 自由に考えられるオープンクエスチョンが基本

　質問の方法は大きく2つあります。1つは**オープンクエスチョン**（拡大質問）、もう1つは**クローズドクエスチョン（限定質問）**です。オープンクエスチョンとは「どんな仕事が好きですか？」などのような、自由に考えて回答する質問のことで、クローズドクエスチョンとは「今の仕事は好きですか？」などのような、「はい」「いいえ」で回答できる質問です。

　この2つの質問の方法にはそれぞれ特徴があり、質問の意図に応じて使い分けることが大切です。1on1ミーティングではどちらの質問が有効でしょうか。

　メンバーに深く考えてもらうことの多い1on1ミーティングでは、**主にオープンクエスチョンを使います。**「自分の最大の強みは何だと思いますか？」「10年後はどんな自分でありたいですか？」などのようなオープンクエスチョンは抽象的な問いであり、考えるのに時間がかかるので、回答しにくいと感じます。しかし、だからこそメンバーは**自分の頭のなかを深く探索し、答えを導き出す**機会が得られるのです。オープンクエスチョンで質問することで、メンバーがこれまで言葉にしたことのなかった気持ちを整理できたり、新しい発想にたどり着いたりすることができます。

　ただし、まだ関係性が築けていなかったり、冒頭などで軽いコミュニケーションをしたかったりする場合には、回答しやすいクローズドクエスチョンから始めていくこともあります。主にオープンクエスチョンを用いることを意識しつつ、場面で使い分けるといいでしょう。

● オープンクエスチョンとクローズドクエスチョンの特徴

	オープンクエスチョン	クローズドクエスチョン
質問例	●5W1Hで問う 「なぜ○○なのですか？」 「何が○○なのですか？」 「いつから始めますか？」 「どのように○○しますか？」	●「はい」「いいえ」で問う 「これは○○ですか？」 ●選択させる 「○○と□□のどちらですか？」 ●限定する 「今は何時ですか？」 「今どこにいますか？」
特徴	・自由に考えて回答する ・「はい」「いいえ」では答えられない	・選択的に考えて回答する ・「はい」「いいえ」で答えられる
メリット	・幅広く考えさせられる ・深く考えさせられる	・回答がしやすい ・明快な回答が得られる
デメリット	・回答がしにくい ・回答の時間がかかる	・選択的にしか考えられない ・深く考える場面に向かない

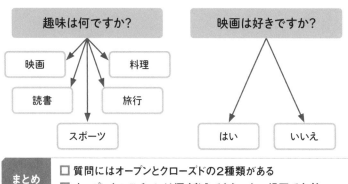

●オープンクエスチョンの例

```
趣味は何ですか？
   映画   料理
   読書   旅行
     スポーツ
```

●クローズドクエスチョンの例

```
映画は好きですか？
   はい   いいえ
```

まとめ	□ 質問にはオープンとクローズドの2種類がある □ オープンクエスチョンは深く考えてもらいたい場面で有効

メンバーの内省を深める質問

● 3つのシンプルな質問を使いこなす

　質問は多くの場合、自分の情報収集などの目的で行いますが、1on1ミーティングでは自分（上司）のためではなく、**メンバーのために質問**をします。メンバーが内面に意識を向けながら「う〜ん」「何というか」などと言いながら内省し、曖昧な思いや考えを言葉にしていくことをサポートする質問が重要です。質問をしたあとにメンバーが沈黙して考えているときは、余計な質問やアドバイスで内省を邪魔しないようにしましょう。

　質問の技術は33節で垂直質問・水平質問を説明しましたが、まずは「**具体化する」「広げる」「まとめる」の3つのシンプルな質問**を使いこなしましょう。この3つで、全体の7割の質問をカバーできます。

　具体化する質問は「具体的には？」「もう少し教えてください」などの掘り下げる質問です。また、広げる質問は「ほかには？」「あとは？」「それから？」などの横に広げる質問で、まとめる質問は「一番重要なことは何ですか？」「話してみてどうですか？」と抽象化する質問です。たとえば、メンバーが「挑戦してみたいことがあるんです」と話したら、次のように質問し、さらにいろいろと話してもらいます。

　具体化する質問　：具体的にどんなことですか？
　広げる質問　　　：挑戦してみたいことはほかにありますか？
　まとめる質問　　：話してみてどうですか？

　具体化する質問とまとめる質問で**上下を行ったり来たり**し、広げる質問で**横に広げる**ことで、内省が深まり、気づきと学びが促進します。この3つの質問をベースに、別の質問を組み合わせていきましょう。

● 3つのシンプルな質問の性質と使い方

抽象化（まとめる）

一番重要なことは 何ですか？	話してみて どうですか？

広げる ← あとは？　　ほかには？ → 広げる

もう少し 教えてください	具体的には？

具体化（掘り下げる）

●具体化する質問の例

メンバー：営業のDX化を進めたいんです

上司：いいですね！ 具体的にどんなことですか？

●広げる質問の例

メンバー：プレゼンにVRを活用したいです

上司：VRですね！ ほかにありますか？

●まとめる質問の例

メンバー：商品の魅力をわかりやすく伝えたいです

上司：このセッションをまとめると、どうなりますか？

まとめ	□「具体化する」「広げる」「まとめる」の質問を使いこなそう □ 3つのシンプルな質問で全体の7割の質問をカバーできる

メンバーを前向きにする質問

● リフレーミングで「ない」から「ある」に視点を変える

　人により物事の捉え方は異なります。ある仕事で失敗をしたときに「最悪の結果になった。もう二度とこの仕事はしない」と思う人もいれば、「よい経験になった。次は成功させよう」と思う人もいます。同じ状況でも、物事をどのように捉えるかにより、その後の展開は大きく変わってくるのです。

　1on1ミーティングでも、**メンバーが前向きな捉え方になれるようにサポート**していくことが重要です。そのような場面で活用できるのが「**リフレーミング**」の技術です。

　リフレーミングとは、視点を切り替え、**物事を別の角度で捉え直す**ことです。この技術を取り入れた質問をすることで、メンバーの物事の捉え方を前向きにすることができます。

　リフレーミングを促す質問はいくつかありますが、手軽で効果的なものは、今の状況を前向きに乗り切ることができそうな**他人の視点を借りる**方法です。

　具体的には、上司から「前向きな先輩のAさんなら、この状況をどう考えると思いますか？」などと質問をします。これにより、前向きな先輩の視点を借りて考えることができ、物事に対する新たな捉え方ができるようになります。

　視点を借りるのは、著名な起業家、架空のキャラクター、10年後の成長した自分など、物事を前向きに捉えてくれそうな人であれば誰でもかまいません。重要なのは**「何がないか」**ではなく、**「何があるか」**を考えてもらうことです。

● リフレーミングによる捉え方の変化の例

●状況に対するリフレーミング

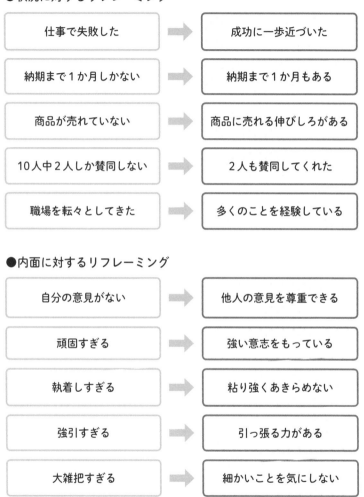

| 仕事で失敗した | ➡ | 成功に一歩近づいた |

| 納期まで1か月しかない | ➡ | 納期まで1か月もある |

| 商品が売れていない | ➡ | 商品に売れる伸びしろがある |

| 10人中2人しか賛同しない | ➡ | 2人も賛同してくれた |

| 職場を転々としてきた | ➡ | 多くのことを経験している |

●内面に対するリフレーミング

| 自分の意見がない | ➡ | 他人の意見を尊重できる |

| 頑固すぎる | ➡ | 強い意志をもっている |

| 執着しすぎる | ➡ | 粘り強くあきらめない |

| 強引すぎる | ➡ | 引っ張る力がある |

| 大雑把すぎる | ➡ | 細かいことを気にしない |

> **まとめ**
> ☐ リフレーミングは物事を別の角度から捉え直すための技術
> ☐ 「何がないか」ではなく「何があるか」を考えさせる

メンバーの望む未来を
イメージさせる質問

● タイムトラベルをした未来をイメージさせる

　トラブルが発生すると、「どこに問題があったのか」「何が原因だったのか」など、問題志向のアプローチで問題や原因を考えます。一方、メンバーの望む未来を聴きたいときは、**解決志向のアプローチが役立ちます**。問題や原因ではなく、望む未来（ゴール）やありたい姿を考えさせるのです。そのように考えさせる質問として「**タイムマシン・クエスチョン**」が活用できます。タイムマシン・クエスチョンとは、メンバーに未来へタイムトラベルをしたと想像してもらい、**そこで見た光景やそこで得た体験などを話してもらう**ものです。

　たとえば、「〇年後の自分は何をしていますか？」「未来のあなたはどんな様子ですか？」などと尋ねながら、「何が見えますか？」「何が聞こえますか？」「どんな感じがしますか？」「何をしていますか？」などと、メンバーが具体的にイメージできるように質問をしていきます。話を聴いたあとで、「〇年後の自分はどんなメッセージをくれますか？」と質問するのも効果的です。

　ビジネスでは問題を解決することが優先されるので、今抱えている問題を解決した状態がゴールになっていることがあります。その場合は、「問題がすべて解決したら、その先の望む未来はどうなっていますか？」と質問してみましょう。**その次の望む未来をイメージできます**。未来のことを質問しても、問題や原因、過去の話にすり替わってしまったときは、いったん話を受け止めてから、「問題がすべて解決したとして、望む未来はどうなっていますか？」と改めて質問してみましょう。

● タイムマシン・クエスチョンのイメージ

何が見えますか？

どんな匂いが
しますか？

どんな感じが
しますか？

何が聞こえますか？

誰といますか？

何をしていますか？

望む未来（ゴール）や
ありたい姿に焦点を
合わせる

● 問題解決後のありたい姿が何かを考えさせる

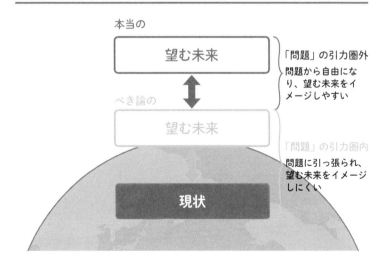

本当の

望む未来

「問題」の引力圏外
問題から自由にな
り、望む未来をイ
メージしやすい

べき論の

望む未来

「問題」の引力圏内
問題に引っ張られ、
望む未来をイメージ
しにくい

現状

まとめ	☐ 望む未来やありたい姿について解決志向でアプローチする ☐ タイムトラベルをした未来の光景や体験を話してもらう

メンバーの状況を把握する質問

● スケーリングクエスチョンによる点数化で状況を把握

メンバーの状況を手軽に把握し、次の行動を考えやすくする質問として「**スケーリングクエスチョン**」があります。スケーリングクエスチョンとは、**点数化や数値化をする質問**のことで、1on1ミーティングのさまざまな場面で活用できます。

質問の方法はとても簡単で、メンバーに「**それは10点満点中で何点ですか？**」と尋ねるだけです。たとえば、目標達成に向けた進捗状況を確認する場面で、上司が「目標達成に向けた進捗はどんな状況ですか？」と尋ねたとき、メンバーが「それなりによい状況です」と答えたとしたらどう思うでしょうか。「それなりによい」という言葉は、人によって捉え方が異なる主観的なものですから、メンバーと上司の間で認識のズレが生じてしまうおそれがあります。

このような場面では、スケーリングクエスチョンが有効です。「目標達成に向けた進捗は10点満点中で何点ですか？」と点数化の質問をすることで、メンバーは「進捗は7点です」と、**客観的な数値に置き換えて答える**ことができ、状況を手軽に把握できます。

さらに、「進んでいる7点の内容は何ですか？」や、「残りの3点の内容は何ですか？」などと質問をすることで、状況をより明確に把握することができます。また、「進んでいる7点を8点にするためには何が必要ですか？」などと質問することで、次に行うべき行動が考えやすくなることから、次の一歩に迷っているメンバーにも有効な質問といえます。

● スケーリングクエスチョンの例

●目標達成のためのスケーリング

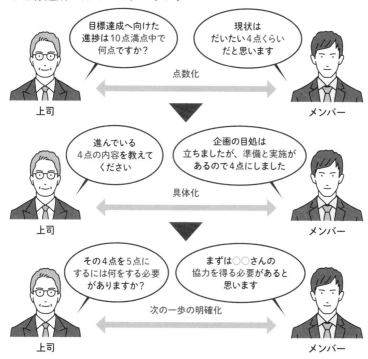

●曖昧な気持ちを表現してもらうためのスケーリング

上司　　　：「Mさんに腹を立てているようですが、その気持ちは10点満点中で何点ですか？」

メンバー：「怒りが8点です。ひどいことをされたのですごく嫌な気分です。残りの2点は、謝ってもらえるかもしれないという期待です」

●キャリアを考えるためのスケーリング

上司　　　：「理想のキャリアを手に入れた自分を10満点とすると、今は何点といえますか？」

メンバー：「今の仕事は順調ですが、マネジメントもしたいので6点ほどです」

まとめ	☐ 点数化の質問でメンバーの状況を客観的に把握できる ☐ 「1点を加えるには？」で次の一歩を考えやすくなる

1on1ミーティングの実施時間の
確保のコツ

● 1on1ミーティングの優先度を高くする

　1on1ミーティングの悩みとして多く聞かれるのが、「仕事が忙しくて時間がとれない」ということです。コロナ禍の影響による人員減少で業務量が増えていたり、働き方改革による勤怠管理で時間の確保が難しかったりすることが背景にあるかもしれません。1on1ミーティングの重要性は理解していても、目の前の業務に追われていては、いつまで経っても1on1ミーティングを実施できないままです。

　まずは1on1ミーティングの意義や重要性を理解し、その優先度を高め、メンバーにも浸透させましょう。そして、**1on1ミーティングの実施時間を先に確保する**のです。余裕があるときに実施するのではなく、1on1ミーティングの日程を先に決め、残りの時間で業務を行うようにします。そうしないと次第に1on1ミーティングが後回しになっていき、いつの間にか立ち消えてしまいます。

　実際に運用してみると、「仕事が立て込んでいるので、改めて日程を調整しましょう」「先日、移動中に話せたから、今回は行わなくていいですよね」などと、後回しになりがちです。緊急の場合を除き、**できるだけ日程変更をしない**ことが重要です。

　1on1ミーティングは、お互いに忙しい業務のなかで実施するにもかかわらず、話が盛り上がったり、モヤモヤしていたり、話が途中で変わったりすると、時間を延長しがちです。状況によっては延長もしかたありませんが、**決められた時間内で実施する**ことが重要です。きちんと終了時刻を守り、中途半端になってしまった場合は次回の1on1ミーティングで話しましょう。

◉ 1on1ミーティングの重要度と緊急度

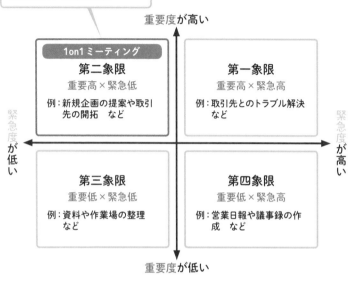

関係性の構築、成長のサポートを目的とする1on1ミーティングの重要度は高く、緊急度は低い

重要度が高い

緊急度が低い

1on1ミーティング
第二象限
重要高×緊急低

例：新規企画の提案や取引先の開拓　など

第一象限
重要高×緊急高

例：取引先とのトラブル解決　など

緊急度が高い

第三象限
重要低×緊急低

例：資料や作業場の整理　など

第四象限
重要低×緊急高

例：営業日報や議事録の作成　など

重要度が低い

◉ 1on1ミーティングの実施時間の管理の例

開始直後にタイムテーブル（全体の流れ）を共有する

開始時に「11時30分まで」などと終了時刻を伝える

タイマーを活用して終了時刻にアラームを鳴らす

話の途中で時間になったときは次回に持ち越す

まとめ
- □ 1on1ミーティングの優先度を高くして先に日程を決める
- □ 1on1ミーティングの日程が確定したら変更しない

頻度や時間は柔軟に設定して習慣化させる

● 頻度や時間は試行錯誤しながら考える

　1on1ミーティングは短いサイクルで**定期的に実施して継続する**ことで効果が表れてきます。ただし、メンバーが多くて業務も忙しいのに、「全員対象」「週1回」「1時間」で実施するのは現実的ではありません。無理な計画は立てず、「数人対象」「月1回」「30分」などのスモールステップで開始し、段階的に人数を増やして時間を調整していきましょう。

　たとえば、「若手は週1回」「中堅は隔週1回」「ベテランは月1回」で実施し、状況によって「若手は隔週1回」などに変更してもよいです。繁忙期には頻度や時間を柔軟に調整することで、1on1ミーティングを継続して実施できるようになります。

　また、1on1ミーティングの日程調整に苦労している人も少なくありません。調整方法はさまざまありますが、日程調整のアプリなども活用できます。**できるだけ手間のかからない方法で調整**しましょう。実施する曜日や時刻を固定する、上司が候補の日程を挙げてメンバーに選択してもらう、1on1ミーティングの実施後に次回の日程を決める、などの方法もあります。実施後に次回の日程を決めれば、改めて日程を調整する手間が省けます。

　大切なことは、「1on1ミーティングを行う」と決めた日時は、P.127の第一象限に含まれる仕事が突然入らない限り、変更しないことです。タイムマネジメントは慣れるまで大変ですが、1on1ミーティングが習慣化するまで、粘り強く継続していきましょう。**中長期的に大きな効果が表れます。**

● 試行錯誤しながら頻度や時間などを調整する

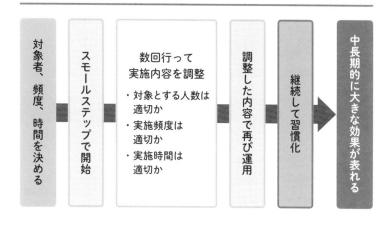

対象者、頻度、時間を決める → スモールステップで開始 → 数回行って実施内容を調整
・対象とする人数は適切か
・実施頻度は適切か
・実施時間は適切か
→ 調整した内容で再び運用 → 継続して習慣化 → 中長期的に大きな効果が表れる

● 1on1ミーティングの日程の決め方

曜日や時刻を固定する	上司が候補を挙げてメンバーが選択する	実施後に次回の日程を決める

・「毎週木曜日」「11時」「30分」など
・どんな業務があってもその日程で必ず実施

・上司の空き時間を社内で共有
・メンバーがその空き時間に予約を入れる

・1on1ミーティングの最後に次回の日程を決める
・日程を決める時間を確保しておく

一度、日程を決めたら変更をしない

まとめ
☐ 実施はスモールステップで行い、試行錯誤して習慣化させる
☐ 頻度や時間は柔軟に決め、一度決めたら日程変更をしない

オンラインコミュニケーション
でのやり取りの方法

●リアルとオンラインの違いを理解して対策する

テレワークが一般化するなか、1on1ミーティングをオンライン上で行う場合には何を意識すべきでしょうか。そもそも1on1ミーティング自体が、テレワーク下におけるコミュニケーション不足への対策として広まった背景があり、1on1ミーティングをオンライン上で行っている人も多いでしょう。

結論からいうと、リアル（直接的な対面）とオンラインでは、**大きくやり方を変える必要はありません**。1on1ミーティングの主役がメンバーであることを前提に、フラットな関係で対話し、関係性の構築と成長のサポートを意識して行えば問題ありません。ただし、どうしてもオンラインには、通信環境による微妙なタイムラグ、身振りや手振りなどのジェスチャーによる非言語的な情報の少なさなどがあります。そのため、それぞれの環境の主な違いと、オンラインのデメリットへの対策を紹介します。

環境の違いで特に難しいのは、**ニュアンスの伝わりにくさ**です。五感やジェスチャーからの情報が得られにくいオンライン環境では、「感じたことを確認してもよいですか？」と許可をとり、「少しイライラしているように感じたのですが？」と、**ニュアンスを直接確認してみる**ことも有効です。基盤となる「関係の質」を保つために、アイスブレイクや終了後の雑談の機会を設けることも意識しましょう。

リアルとオンラインのそれぞれの環境の違いを理解し、その対策を知っておくことで、オンラインでの1on1ミーティングも自信をもって行えるようにしておきましょう。

◉ リアルとオンラインの環境の違いと対策

	リアル（直接的な対面）	オンライン（Web会議）	対策
話しやすさ	同じ空間で直接的に対面しているため、タイムラグがない	通信環境によりタイムラグが発生し、話しにくく、盛り上がりにくい	声を出さない相づち（うなづき）で受容の姿勢を見せ、話しやすい雰囲気をつくる
ニュアンス	五感やジェスチャーなどの非言語的な情報により細かいニュアンスが伝わる	画面越しのため、非言語的な情報が限定的で、ニュアンスを感じにくい	許可を得て、感じたニュアンスを直接確認する
雑談	ミーティング前後の雑談からプライベートや本音の話が聞きやすい	開始（接続）と終了（切断）が明確で、何気ない雑談がしにくい	アイスブレイクや終了後のカジュアルな会話などをあえて設け、雑談の機会をつくる
気疲れ	同じ空間でお互いの存在を感じながら対話するため、座り位置や姿勢は自由にできる	カメラの画角を意識して自分の姿を映さなければならず、気疲れをしてしまう	状況によってはカメラをオフにすることを許容し、リラックスして話せる環境をつくる
熱意	距離を詰めたり、しっかりと目線を合わせたりすることで真剣さや熱意が伝わる	相手とカメラの位置が異なるため、目線が合わず、真剣さや熱意が伝わりにくい	真剣な思いを伝えたい（聴きたい）場面でカメラ目線を意識し、目線が合うようにする

> **まとめ**
> ☐ リアルとオンラインでは環境による違いがある
> ☐ 環境の違いを理解したうえで対策できるようにしておく

1on1ミーティングの
実施結果の分析

● 関わり方を調整して深い関係性を築く

　人と人との関係性は、業務状況、職場環境、個人の思いや考えなど、さまざまな要因によって刻々と変化するものです。このような変化は1on1ミーティングでも同様で、一度、関係性が構築でき、建設的な思考や主体的な行動ができるようになったとしても、それが永続的に続くわけではありません。ちょっとした要因により、前の段階に戻ってしまうこともあります。

　そのため上司は、1on1ミーティングを実施した結果から、**メンバーの状態やお互いの関係性がどんな状況にあるか**を常に把握しておく必要があります。

　メンバーの状態を把握するうえでは、「お互いの関係性が構築できている」→「建設的な思考ができている」→「主体的な行動ができている」という3つの段階を基本としながら、各段階で**どのような関わり方が必要なのか**を考え、必要に応じて前の段階へ戻りながら対応を調整していく必要があります。

　右図の各段階でのチェックリストを参考にしながら、1on1ミーティングの実施結果の分析を行い、メンバーとの関わり方を調整してみましょう。やり方は、**各段階の6つのチェック**をできる限り（最低4つ程度）押さえたうえで、次の段階に移るようにしてください。うまくいかない場合には、前の段階へ戻り、6つのチェックが押さえられているかを再度確認してみましょう。

　これらの段階を行き来しながら、メンバーの状態を把握していくことで、次第に強固で深い関係性を築くことができます。

◉ 実施結果の分析チェックリスト

メンバーとの信頼関係が構築できているか

- □ メンバーが主役の場になっている
- □ メンバーは本音で話せている
- □ 上司は評価や批判をせずに話を聴けている
- □ 上司は傾聴の姿勢で話を聴けている
- □ 上司からメンバーへ自己開示ができている
- □ 上司は立場を超えた1人の人間として誠実に対話している

OK ⬇ **NG**

メンバーは建設的な思考ができているか

- □ メンバーは将来のありたい姿を言語化できている
- □ メンバーのできること・やりたいことを言語化できている
- □ メンバーは物事をポジティブに考えられている
- □ メンバーは自分の考えに自信をもっている
- □ 上司はメンバーを論理と感情の両面でサポートしている
- □ 上司はメンバーの価値観を把握できている

OK ⬇ **NG**

メンバーは主体的な行動ができているか

- □ メンバーはやりがいを感じる目標が設定できている
- □ メンバーは広い視野で現状を把握できている
- □ メンバーは問題と課題を把握できている
- □ メンバーはリソース（資源）の棚卸しができている
- □ メンバーは有効な行動の選択肢を絞り込めている
- □ 上司は行動の後押しと承認ができている

まとめ	□ 3つの段階を基本に、どの関わり方が必要かを確認する □ 各段階を行き来しながら、強固で深い関係性を築く

1on1シートを活用する

● 進行や振り返りをサポートするシートを使う

　本書では、多くの人が1on1ミーティングを効果的に実施できるように、1on1ミーティングの進行方法や、活用できるさまざまな考え方などについて紹介してきました。しかし、慣れるまでは覚えることがいくつもあり、「うまく進められるか心配」と感じている人も多いことでしょう。

　そのような人に向け、**進行をサポート**したり、1on1ミーティングでの**メモや振り返りに活用**したりすることができる「**1on1シート**」を用意しました。必要に応じて拡大コピーをして使うなど、1on1ミーティングの実践に向けてぜひ活用してください。

内容：1on1ミーティングの流れと、段階ごとに行う内容についてチェックを入れることができます。必要な内容を実施してチェックを入れてください。

実施メモ：1on1ミーティングにおいて、メンバーから出た言葉や気づいたことなどをメモしておく欄です。

技法など：関係性の構築、思考の活性化、行動の活発化といった、1on1ミーティングの各段階で活用できる技術や考え方を記載しています。本書の内容を思い出しながら、1on1ミーティングに意識して取り入れてみましょう。

まとめ	□ **1on1シートをミーティングの進行や振り返りなどに活用する** □ **各段階で活用できる技術や考え方を確認しながら進める**

● 1on1シートの例

■ 1on1シート

対象者：

実施日： 　　年　　月　　日　　　　　備考：

	事前準備	アイスブレイク	前回の振り返り	メインセッション（全体の8割程度）	振り返り（まとめ）
		相互理解・信頼関係		成長支援	
内容	□状況確認 □気持ちを整える □ストレッチ □深呼吸 □心理的安全性	□近況 □時事の話題 □体調面（ /10点） □メンタル面（ /10点） ※初回は目的や守秘義務	□前回の内容 □その後の変化 □フィードバック □承認	□話したいテーマの確認 □テーマの設定 □テーマの理解 □テーマを踏まえた対話 （関係構築→思考→行動）	□気づき □感想 □スモールステップ □応援 □フォロー

実施メモ

技法など

関係性の構築	思考の活性化	行動の活発化
・傾聴 ・単純接触効果 ・アサーション ・オウム返し ・自己開示 ・Iメッセージ　など	・ありたい姿 ・オープンクエスチョン ・深める質問／広げる質問 ・ロジックツリー ・オートクライン ・価値観の明確化　など	・問題の特定 ・GROWモデル ・SMART ・SWOT ・スモールステップ ・経験学習　など

相手と向き合うということ

「相手と向き合う」という言葉があります。「向き合う」とは、正面から相対するという意味ですが、そこには精神的な意味も含まれています。つまり相手と向き合うとは、相手の思いや感情を受け止め、腹を割って納得いくまで真剣に話し合うことです。

社会生活において、本当の意味で相手と向き合うことは、想像以上のエネルギーが必要です。会社では、感情を表に出して本音で何もかも話すことはリスクになります。周囲の雰囲気に合わせ、無難な対応をしたほうが問題は起こりにくいでしょう。そのため、腹を割って相手と話し合うためには、お互いの信頼関係や覚悟が必要です。じっくりと信頼関係を築き、相手の思いを引き受ける覚悟がなければ、本当の意味で相手と向き合うことはできません。

「実は今、○○で悩んでいまして……」といった相談に対して「そういう問題は□□で解決できるよ」などと一言のアドバイスで終わらせてしまうのは、効率はよいですが、相手と向き合っているとはいえないでしょう。おそらく相手は「……そうですよね。ありがとうございます」と向き合うことを諦めてしまいます。

相手と向き合うというのは、相手の抱いている思いや感情をともに感じ、一緒に悩み、ときには傷つきながらも、良き未来へと目を向けて前進していくことだと思います。

すべての場面で、すべての相手と真剣に向き合うことはできませんが、縁の生まれた相手と向き合うことにより、その行く先をともに照らすことができたのなら、それは自分自身の未来をも明るく照らす光になると思っています。

（寺内 健朗）

Part

7

こんなときどうする?

困ったときの
対応方法

メンバーが事実しか
話さないときは

●「どんな感じがありますか?」と聞いてみる

　職場で自分の気持ちを話すことに慣れていないと、1on1ミーティングでも業務報告や進捗確認などの事実の共有で終わってしまうことがあります。しかし、**メンバーには気持ちや本音を話してもらうことが重要**です。メンバーが事実ベースの話ばかりするときは、「今、この話をしていてどんな感じがありますか?」と質問してみましょう。メンバーが言いよどんだり、すぐに言葉が出てこなかったりする場合は、何かを感じているかもしれません。そんなときは「感じたことをゆっくりと話してみてください」と伝えます。そうすると、少しずつメンバーが感じていることを言葉にする**感情体験**が始まります。上司は口を挟まずに、メンバーの感情体験を促しましょう。

　メンバーのなかには自分の気持ちをうまく捉えられていない人もいます。その場合は、上司から「話を聴いたところ、私は○○と感じました」などと伝えてみましょう。「こんな感じですか?」と**いくつか例を挙げて確認してもらう**方法もあります。もし「そんな感じはありません」と答えたら、「もう少し教えてくれますか?」と質問します。このやり取りを通じて、メンバーは自分の気持ちに気がつくようになります。まだメンバーのなかで言葉になっていない気持ちや感情を、**言葉にしていくサポートをする**のです。

　メンバーは、焦って早口で話すと気持ちを捉えにくくなり、ゆっくりと話すと気持ちを感じやすくなります。早口で話す人には、焦らずにゆっくりと話してもらいましょう。もし、気持ちや感情を話したくなさそうなら、話題を切り替えます。

● 感情体験を促すための対応方法

●事実ばかり話すメンバー → 気持ちについての質問をする

「話してみてどんな感じがありますか？」
「それについて、どう思っていますか？」

上司　→　メンバー

●気持ちを話すのが苦手なメンバー → 上司が感じたことを伝えてみる

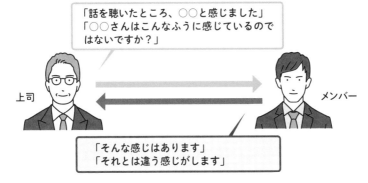

「話を聴いたところ、○○と感じました」
「○○さんはこんなふうに感じているので
はないですか？」

上司　⇄　メンバー

「そんな感じはあります」
「それとは違う感じがします」

●早口で話すメンバー → ゆっくりと話して気持ちを感じ取らせる

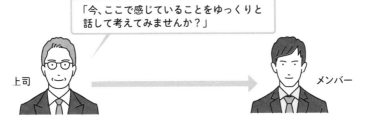

「今、ここで感じていることをゆっくりと
話して考えてみませんか？」

上司　→　メンバー

まとめ	□ 事実だけを話されるときは気持ちについて質問する □ 事実と気持ちをセットで話されると気づきが深まる

メンバーが本音を
話してくれないときは

●「ぽろっと本音」を探して増やす

　信頼関係ができていると、メンバーは少しずつ本音を話してくれるようになります。ただ、なかなか本音を話さない人や、本音を話すことが苦手な人もいます。本音を話さないからといって、無理に本音を聞き出そうとしたり、イライラした雰囲気を出したりすると、メンバーは心を閉ざしてしまいます。**焦らず、慌てず、ゆっくりと**関係を築いていきましょう。

　メンバーの話を真剣に聴こうとして肩ひじを張り、眉間にしわを寄せ、難しそうな表情をすると、場の雰囲気が重くなります。そのような上司には、メンバーは気軽に話しにくくなってしまいます。話を聴いていることがメンバーに伝わるように、**笑顔や相づちなどで気持ちよく話せる雰囲気**をつくりましょう。傾聴や承認などを行っていると、表面的な会話のなかにも、感情や本音が見え隠れすることや、いつもと違う表情が見られることがあります。注意深く話を聴いているうちに「**ぽろっと本音**」を見つけられます。この「ぽろっと本音」をキャッチし、**オウム返し**をします。少し間をとってから「もう少し教えてもらえますか？」「ほかには？」と質問してみましょう。そこから話が展開することもあります。もちろん、話したくなさそうな雰囲気なら、深追いをせずに話題を変えましょう。そしてタイミングを見て、話を聴けてよかったことをIメッセージで伝えます。

　「ぽろっと本音」を探して応答することで、メンバーは「本音を言ってもいいんだ」と実感します。これを繰り返すことで、少しずつ感情や本音を表す言葉が増えてきます。

● 本音を言っても安心な雰囲気をつくる

●笑顔や相づちなどで気持ちよく話せる雰囲気をつくる

難しそうな表情をすると、場の雰囲気が重くなる

「い〜」と言うと、口角が上がって笑顔になる

●「ぽろっと本音」が出たらオウム返しを行う

（本音）

メンバー

聴く

「もう少し教えてもらえますか？」
「ほかには？」

上司

少し間をとって聞く

話したくなさそうならやめる

オウム返し

「話を聴けてよかったです」

まとめ	□ 話のなかから「ぽろっと本音」をキャッチする □ 「ぽろっと本音」が出たら、深めたり広げたりする

メンバーと価値観が異なって
傾聴しにくいときは

● メンバーを理解したいという姿勢で聴く

　価値観や考えが異なる人の話にこそ、**相手を理解するための傾聴が必要**です。メンバーの話が理解しにくいと感じたら、それを変えようとせず、まずはそのまま受け止めましょう。今、この瞬間の体験に集中し、心に注意を向けることを「**マインドフルネス**」といいます。メンバーの話を聴いて評価や反論をしたくなっても、その状態を受け止めつつ、**オウム返しで応答**します。

　そのうえで、メンバーの価値観が異なっていても「メンバーを理解したい」という姿勢で話を聴きます。まずは「○○さんが今、話したことは□□というように感じたのですが？」などと問いかけ、**理解の確認**をしましょう。もし理解ができなかったときは、わからなかったことを伝え、「もう一度、話してもらえますか？」と依頼します。そこでメンバーにとって重要と思われるキーワードが出てきたら、「もう少し教えてください」などと質問して理解を深めていきます。

　表面的な考えの違いで傾聴を止めるのではなく、**考えが異なる背景に興味をもって聴いていく**と、メンバーを深く理解できるようになります。メンバーへの理解が深まると、話にも納得でき、敬意を払う気持ちも生まれます。はじめから評価や反論をするのではなく、共通点を見つけながらメンバーを理解していきましょう。

　どうしても「価値観が異なる人の話は傾聴しにくい」という場合は、そのことについて社外のコーチやメンターなどに話を聴いてもらいましょう。すると心に余裕ができます。心に余裕が生まれると、そのようなメンバーへの傾聴もできるようになります。

● 傾聴しにくいと感じたときにまず行うこと

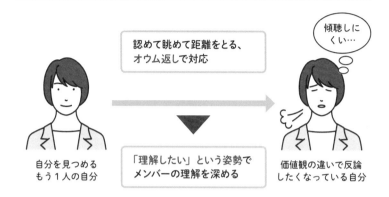

認めて眺めて距離をとる、オウム返しで対応

傾聴しにくい…

自分を見つめるもう1人の自分

「理解したい」という姿勢でメンバーの理解を深める

価値観の違いで反論したくなっている自分

● メンバーの理解を深める対応の例

●理解の確認をする

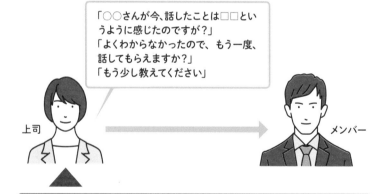

「○○さんが今、話したことは□□というように感じたのですが?」
「よくわからなかったので、もう一度、話してもらえますか?」
「もう少し教えてください」

上司

メンバー

メンバーの話を傾聴するために、誰かに自分の話を聞いてもらうことも有効

まとめ	□ 価値観や考えが異なる背景に興味をもって聴いていく □ 誰かに自分の話を聴いてもらうことで心に余裕ができる

話すテーマが見つからないときは

● テーマがないときに役立つ6つの方法

　話すテーマが見つからないときは、14節の「すり合わせ9ボックス®」を活用しましょう。それ以外に、次の方法も役立ちます。

　1つめは、「**最近のプチハッピー（ちょっとした幸せ）**」を聞くことです。楽しかったことやうれしかったことを話していると、場が和んできます。その雑談からテーマが見つかることもあります。

　2つめは、**体と心（メンタル）の状態に点数**（10点満点）を付けてもらうことです。たとえば、「体が7点、心が7点」であれば調子は安定していると考えられますし、点数が低ければ不調のサインかもしれません。心身の状態がどんな感じかを確認しましょう。

　3つめは、**頭のなかを占めていることを3つ挙げてもらう**ものです。その3つのなかから話すテーマを決めます。3つ以上あるようなら、「ほかには？」と質問していきましょう。

　4つめは、**熱中している（していた）ことについて話してもらう**ものです。これも、メンバーが楽しく話せるテーマですし、話を通してメンバーの価値観に触れられる可能性もあります。

　5つめは、「**バリュー（価値観）リスト**（右図）」から自分が大切だと思う言葉を選んでもらい、その言葉について話してもらうことです。それが、メンバーの内面に触れるきっかけになります。6つめは、「**漢字フォーカシング**」といい、メンバーの今の感覚を漢字1字で表現してもらうことです。その漢字を一緒に辞書で調べると、新たな発見があるかもしれません。中堅スタッフには、どんな上司やマネージャーになりたいかを漢字1字で表現してもらうことも有効です。

● バリュー（価値観）リストの例

価値を創造する	成果や結果を重視する	感性を大切にする	人や社会の役に立つ
自立性や主体性を大切にする	協調性を大切にする	雑談や談笑ができる	個人を大切にする
チームワークを重視する	知識や経験を生かせる	ベテラン、新人にかかわらず対等	計画を大切にする
人間関係が安定している	安心して話せる	考えるより行動する	コツコツ取り組める
意義や意味を求める	気持ちを大切にする	個性を大切にする	数字を大切にする
変化を大切にする	自分の強みを生かす	目的ややるべきことが明確である	明るく、楽しく、前向き
信用、信頼、感謝を大切にする	責任や役割分担が明確である	ユニークな発想が受け入れられる	自分と違う存在を尊重できる
評価のしくみが明確である	リスクマネジメントをする	主張や議論がまじめにできる	いつでも相談できる
所属感や一体感をもてる	ライフワークバランスを大切にする	競争し合える	論理や客観を大切にする
サポートし合える	感謝する、感謝される	ビジョンがある	心理的安全性が高く自分らしくいられる
ルールや慣習を守る	安定している	専門性を高める、専門性を生かす	達成感や満足感を感じられる
時間をコントロールできる	社会的に意義がある	柔軟に対応できる	新しいことにチャレンジできる
率直に意見が言える	公平に扱う、公平に扱われる	遊び心を大切にする	ユーモアが言い合える

まとめ
- ☐ 話すテーマが見つからないときは6つの方法を試す
- ☐ 対話しながら6つの方法に取り組むことに価値がある

メンバーの発言がなく
沈黙が続いたときは

● 2つの沈黙を見極める

1on1ミーティングでは、上司が聴き役のはずなのに、つい話し続けてしまったり、沈黙に耐えられなくなり、メンバーが話すのを待てずに話し始めてしまったりすることがあります。沈黙に慣れると、落ち着いて話を聴けるようになります。

沈黙には2種類あります。1つは「**内面探索モード**」の沈黙です。メンバーが自分の内面に意識を向け、曖昧ながら、何か意味のありそうな感覚を、丁寧に言葉にしていくための沈黙です。たとえば、メンバーが話しているときに、「う～ん、何というか……」と言いよどんだり、うまく言葉にならなかったりするとき、**沈黙が深い気づきにつながる**ことがあります。このとき、沈黙に耐えられずに話しかけたり質問したりすることはNGです。余計なことは言わず、「う～ん」と一緒にうなったり、返事をできるだけ遅くしたりするとよいでしょう。「沈黙の温泉」にのんびりつかるイメージです。

もう1つは「**気まずい沈黙**」です。話すことがなく、ただ気まずいだけの時間が続くと、上司がその空気に耐えられずに自分の話をしてしまいますが、これもNGです。このようなときは、ゆっくりとしたペースで「今、どんなことを考えていますか？」「今、どんな感じですか？」「今、頭に浮かんでいることは？」などと声をかけてみましょう。そこから話が展開することもあります。

沈黙が続くとき、上司はリアルタイムで自分自身の心と体に何が起こっているのかに意識を向けてみましょう。自分の体験に気づくことが大切です。焦っていたら、ゆっくりと深呼吸しましょう。

● 「内面探索モード」の沈黙のイメージ

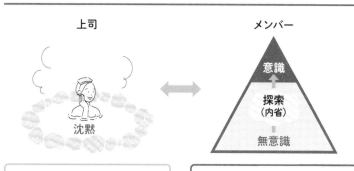

上司

メンバー

意識

探索
（内省）

無意識

沈黙

「沈黙の温泉」にのんびりつかる
イメージで、余計なことは言わず、
しばらく待つ

自分の内面に意識を向け、言葉に
なっていない曖昧な感覚に触れな
がら言葉にしようとしている

● 「気まずい沈黙」が続くときの声かけ

ゆっくりとしたペースで

「今、どんなことを考えていますか？」
「今、どんな感じですか？」
「今、頭に浮かんでいることは？」

上司

メンバー

リアルタイムで自分自身の心と体に何が起こって
いるのかに意識を向け、自分に気づく

まとめ	□ 「内面探索モード」の沈黙は一緒に沈黙をする □ 「気まずい沈黙」が続いたときは声をかけてみる

メンバーからの質問に
うまく答えられないときは

●メンバーに質問の意図や背景を確認する

　メンバーから質問されたとき、適切な返答ができずに焦ってしまうことはありませんか。「納得できることや意欲を高めることを言わなければ……」と思うとさらに焦り、しどろもどろの返答になってしまいがちです。このようなときは少し考える時間が必要です。あるいは、そもそも質問をきちんと理解できていないかもしれません。

　答えにくい質問をされたときは、メンバーに一度、**その質問の意図や背景について確認**しましょう。質問をしている側も話しながら考えを整理しているので、自分が何を聞きたいのか理解していないこともあります。そうすると、こちらもメンバーの質問を理解しにくくなるので、「質問をよく理解したいので、もう一度説明してもらえますか?」などと問い返してみましょう。

　もう一度説明をしてもらったら、**自分の理解が合っているかどうかを確認**しましょう。理解が合っていなければ、合っていない部分について話してもらいます。このやり取りでお互いの理解が深まります。このとき、メンバーも考えが整理でき、自分のなかで答えが見つかることもあります。理解が合っていたら、自分の考えを伝えます。**「私は○○と考えますが、答えになっていますか?」**と伝えると、相手はそれについての考えを話してくれるでしょう。

　そして、メンバーからの質問にうまく答えられそうにない場合は、「よい答えが浮かばないので、次回まで時間をもらえますか?」などと伝えてもよいです。それまでに答えが見つかる・見つからないにかかわらず、次回のミーティングの冒頭では、その件に触れましょう。

● うまく答えられない質問に答える3つのステップ

ステップ1：質問の意図や背景について確認する

上司

「質問をよく理解したいので、
もう一度説明してもらえますか？」

メンバー

| 確認により質問を正確に理解できる | 何を聴きたいのか理解していないこともある |

ステップ2：質問を理解できているかを確認する

上司

「私は○○という質問と理解しましたが、
合っていますか？」

メンバー

| 合っていなければその部分を説明してもらう | メンバーが答えを見つけることもある |

ステップ3：自分の考える答えを伝える

上司

「私は○○と考えますが、答えに
なっていますか？」

メンバー

| うまく答えられない場合は次回に持ち越してもよい | メンバーがその答えについての考えを話す |

まとめ
- □ 質問の意図を理解し、Iメッセージで質問に答える
- □ こちらの答えたことが質問の答えになっているか確認する

ネガティブなフィードバックが
うまくできないときは

● メンバーを尊重して丁寧にフィードバックする

　ポジティブなフィードバックはしやすいのですが、ネガティブなフィードバックはしにくいものです。たとえば、営業成績はよいものの、自分の意見に反論されると攻撃的になるメンバーがいるとします。このとき、「フィードバックがうまくできず、モチベーションを下げてしまったら」と思うと、このまま放置すべきなのか、フィードバックして改善させるべきなのか、悩むかもしれません。しかし、メンバーの成長をサポートするうえで、本人にとって耳が痛いフィードバックもときには必要です。感情的・攻撃的にならないよう、**相手を尊重したフィードバック**を心がけましょう。相手を尊重したフィードバックには、大きく7つのステップがあります。

　まず、❶許可をとり、❷事実を共有します。具体的な事実を共有することで、認識や話題のズレがなくなります。これを省くと、的外れなフィードバックになることがあります。

　そのうえで、❸Iメッセージでフィードバックします。Youメッセージで一方的に伝えると、メンバーは否定されたと思い、反発されるおそれがあります。その後、言いぱっなしにせず、❹メンバーの意見を聞き、その言い分を受け止めます。そして、❺その後の行動のすり合わせをします。どのように行動するかはメンバーに考えてもらいます。最後に、❻期待を伝えることで、自己効力感やモチベーションを高め、❼行動の変化を承認すれば、承認した行動が増えるようになります。ネガティブなフィードバックを行う際は、**伝えることを事前に準備してリハーサル**をしておきましょう。

● ネガティブフィードバックの7つのステップ

ステップ❶ 許可をとる	メンバーにフィードバックすることを伝える	例： 「○○について、私が感じたことを伝えてもいいですか？」
ステップ❷ 事実を 共有する	具体的な事実を共有することで、認識や話題のズレをなくす	例： 「○○会議で□□のように発言しましたよね？」
ステップ❸ Iメッセージで フィードバック	Iメッセージで上司の感想として受け入れやすいようにフィードバックする	例： 「私には○○のように見えました」
ステップ❹ メンバーの 意見を聞く	言いっぱなしにせず、メンバーの意見を聞き、言い分を受け止める	例： 「○○さんはどう思いますか？」
ステップ❺ 今後の行動を すり合わせる	今後、どのように行動するかをメンバーに考えてもらう	例： 「○○さんはこれからどう行動しますか？」
ステップ❻ メンバーへの 期待を伝える	自己効力感やモチベーションを高めるために、期待を伝える	例： 「期待しています。サポートしていきますね」
ステップ❼ 行動の変化を 承認する	メンバーの考えた行動の機会を増やせるように、承認を行う	例： 「○○を行ったのはよかったですね。この調子です」

Part
7

こんなときどうする？ 困ったときの対応方法

まとめ	☐ メンバーを尊重して丁寧に段階を踏んでフィードバックする ☐ 伝えることを事前に準備してリハーサルをする

メンバーが行動に移さないときは

● スモールステップで行動に移しやすくする

1on1ミーティングでアクションプランを決めても、メンバーが行動に移さないことがあります。そんなとき、つい感情的になって、「なぜやらないのですか？」などと言ってしまいがちです。

メンバーが行動しないときは、「なぜ？」と質問する代わりに**事実を確認**し、行動しない理由について**批判せずに受け止め**ます。そして、理由を確認したうえで行動に移せるようにサポートするのです。メンバーが行動しない理由として、行動のハードルが高く、はじめの一歩が踏み出せないのかもしれません。そのようなときには、「**スモールステップ**」の考え方が有効です。スモールステップとは、目標を細分化し、簡単なものから1つずつ達成していくことです。

たとえば、「新商品の企画を立案する」というアクションプランを設定したら、それを実行するために「どんなタスクが必要か」を考えます。そうして考えた**タスクを細分化し、いつ、どこで、誰とするかなどで具体的にしていく**と、取り組みやすくなります。そして1つ行動すると、次の行動がしやすくなるのです。

タスクを細分化したら、「実行可能性は何%ですか？」とメンバーに質問します。可能性が低ければ、さらにタスクを細分化します。そうして細分化したもののなかから、いつまでに何をするかをメンバーに決めてもらいます。**最初の行動は実行可能性が一番高いものがよい**でしょう。行動することへの期待を伝え、メンバーが行動に移したら素早く承認すると、信頼関係が深まり、モチベーションが高まって、次の行動につながりやすくなります。

● 目標を細分化するスモールステップのイメージ

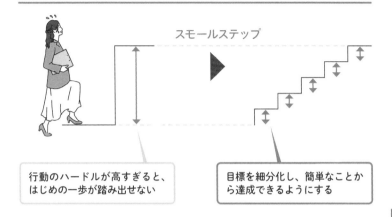

スモールステップ

行動のハードルが高すぎると、はじめの一歩が踏み出せない

目標を細分化し、簡単なことから達成できるようにする

● アクションプランを細分化して取り組みやすくする

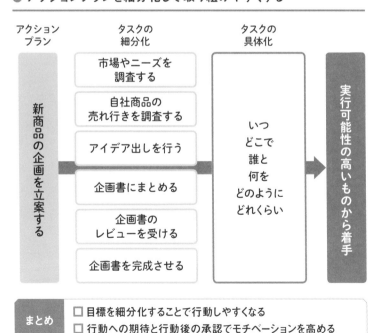

アクションプラン	タスクの細分化	タスクの具体化	
新商品の企画を立案する	市場やニーズを調査する	いつ どこで 誰と 何を どのように どれくらい	実行可能性の高いものから着手
	自社商品の売れ行きを調査する		
	アイデア出しを行う		
	企画書にまとめる		
	企画書のレビューを受ける		
	企画書を完成させる		

まとめ	□ 目標を細分化することで行動しやすくなる □ 行動への期待と行動後の承認でモチベーションを高める

153

1on1ミーティングの
効果がみられないと感じるときは

● 効果が出ている「例外」を探して増やす

　1on1ミーティングを続けていても、効果が感じられないことがあるかもしれません。ただし、たとえば「1on1ミーティングを行っても業績が上がらない」という理由で「効果なし」と判断するのは早計でしょう。業績などの財務的な数値に表れる前段階の、**関係の質、エンゲージメント、メンバーの成長**なども重要な指標になります。

　いったん「効果がない」と感じると、効果が出ていない点にばかり注目してしまいますが、効果が出ている点もフラットな視点で探しましょう。このとき、心理療法の「ソリューション・フォーカスト・アプローチ（解決志向）」の「例外」探しの考え方が参考になります。例外とは、**すでに起こっている解決（効果）**の一部のことです。行動したこと、方法を工夫したこと、協力したこと、言動が変化したことなど、すでに表れている小さな効果をキャッチし、承認して増やしていくと、それらが積み重なり、やがて大きな効果になっていきます。

　また、1on1ミーティングを効果的に実施していくためには、上司とメンバーの協力が必要です。そのため、**メンバーから上司へのフィードバック**ももらいましょう。ポジティブなフィードバックは受け止めやすい一方、「○○の部分はこうしてほしかった」など、ネガティブなフィードバックは受け止めにくいものです。これを学習の機会と捉えることで、より効果的に実践できるようになります。

　あるいは上司自身は効果がないと思っていても、メンバーは効果を感じているかもしれません。1on1ミーティングの実施により変化したことや効果があったことをメンバーに聞いてみましょう。

● 効果が表れている部分にも注目する

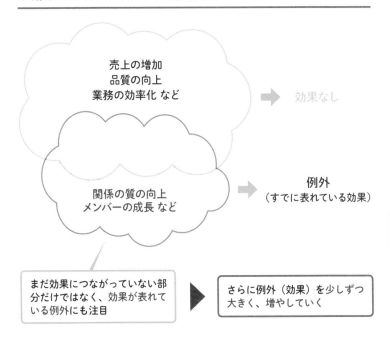

売上の増加
品質の向上
業務の効率化 など

➡ 効果なし

関係の質の向上
メンバーの成長 など

➡ 例外
（すでに表れている効果）

まだ効果につながっていない部分だけではなく、効果が表れている例外にも注目

▶ さらに例外（効果）を少しずつ大きく、増やしていく

● メンバーから上司へのフィードバックを受ける

「○○の部分はよかったです」
「○○ができるようになりました」
「○○の部分はこうしてほしかったです」

メンバー

効果や変化、改善点などを学び、効果的に実践できるようにする

上司

まとめ	□ すでに効果が出ている「例外」を探して増やしていく □ メンバーから上司へのフィードバックを受ける

会社にとって不利益な
テーマが出てきたときは

● 双方に価値のある方向性を模索する

　1on1ミーティングはメンバーが主役であり、メンバーのための時間です。しかし、それを実践しようするとぶつかる問題があります。それは、**会社と個人のどちらを優先するか**という問題です。

　会社により1on1ミーティングを実施する目的はさまざまですが、主な目的は**メンバーの主体性を高め、仕事の生産性を向上させる**ことです。そのため、会社にとってはメンバー個人の夢や理想の実現以上に、生産性を高めることが重要であり、それが1on1ミーティングを実施する前提条件になっています。

　たとえばメンバーから、「スポーツに関わることが夢なので、いずれは転職したいです」という話題が出てきたらどうでしょうか。上司はメンバーの立場で転職活動を応援していくべきなのか、それとも会社の立場で「転職されると困ります」と伝えるべきなのか、悩むところでしょう。

　状況の違いもあるので、この問題への明快な答えはありませんが、上司として目指すべきは、1on1ミーティングを通じて**メンバーがいきいきと働き、かつ会社の生産性も高まる状態**につなげることです。そのためにも、まずはメンバーの気持ちを批判せずに受け止めたうえで、その背景にある本質的な思いや考えを引き出しましょう。そうして引き出した思いや考えを踏まえ、メンバーと会社の双方に価値のある方向性を模索していくのです。

　上司は1on1ミーティングの目的を踏まえながらも、メンバーの思いに寄り添い、一緒に将来の方向性を考えていくことが大切です。

◉ 会社にとって不利益になる相談への対応例

●評価や批判をせずに受け止める

昔からスポーツに関わりたいという夢があり、スポーツ関連の企業に転職すべきか、悩んでいます

スポーツに関わりたいので、転職をすべきか悩んでいるのですね。相談をしてくれてありがとうございます

●背景にある本質的な思いを引き出す

スポーツに関わりたいと思うのは、○○さんにどんな思いや考えがあるからなのでしょうか？

学生時代にラクロス部のマネージャーをしていて、選手の心身ケアやトレーニング設計が楽しかったのです

自分自身が選手として活躍するより、選手を支えるトレーナーのような立場に魅力を感じたのですね？

●双方にとって価値のある方向性を模索する

今の会社でも営業を支援したり、人材育成メニューを考えたりするようなトレーナーに近い立場もあるので、まずはそこから模索してみませんか？

スポーツにこだわっていましたが、確かにトレーナーのような仕事をしたいのかもしれません。一緒に考えてもらってよいでしょうか？

まとめ	☐ どんな話題に対しても評価や批判をせずに受け止める ☐ 本質的な思いを引き出し、双方に価値ある方向性を模索

Index

■ 問い合わせについて

本書の内容に関するご質問は、QRコードからお問い合わせいただくか、下記の宛先までFAXまたは
書面にてお送りください。なお電話によるご質問、および本書に記載されている内容以外の事柄に
関するご質問にはお答えできかねます。あらかじめご了承ください。

〒162-0846
東京都新宿区市谷左内町21-13
株式会社技術評論社　書籍編集部
「60分でわかる! 1on1ミーティング実践 超入門」質問係
FAX:03-3513-6181

※ご質問の際に記載いただいた個人情報は、ご質問の返答以外の目的には使用いたしません。
　また、ご質問の返答後は速やかに破棄させていただきます。

60分でわかる!
1on1ミーティング実践 超入門

2023年3月9日　初版　第1刷発行

著者………………………島田友和、寺内健朗

発行者………………………片岡　巌
発行所………………………株式会社 技術評論社
　　　　　　　　　　　　東京都新宿区市谷左内町21-13
電話………………………03-3513-6150　販売促進部
　　　　　　　　　　　　03-3513-6185　書籍編集部
編集………………………株式会社 エディポック
執筆協力………………………御代貴子
担当………………………和田　規（技術評論社）
装丁………………………菊池　祐（株式会社 ライラック）
本文デザイン…………………山本真琴（design.m）
レイアウト・作図……株式会社 エディポック
製本／印刷……………大日本印刷株式会社

ISBN978-4-297-13330-6　C0034
Printed in Japan